Christa Arz · Faszination Wanderreiten

Christa Arz

FASZINATION WANDERREITEN

Müller Rüschlikon

Einbandgestaltung: imago, CH-6302 Zug

Titelfoto: Hans D. Dossenbach

ISBN 3-275-01256-8

1. Auflage 1998

Fotos: Christa Arz
Zeichnungen: Yvette Scheid
Lektorat: Carola Nowak
Herstellung: Hermann Lambrecht
Satz: FIBO Lichtsatz GmbH, D-80337 München
Druck: Guldedruck, D-72072 Tübingen
Bindung: E. Riethmüller, D-70156 Stuttgart
Printed in Germany

INHALT

DER WEG IST DAS ZIEL ...

Warum es
die Menschen seit
Jahrhunderten so
reizvoll finden, sich im
Schneckentempo durch
die Landschaft tragen
zu lassen – ohne Aussicht auf Dusche und
Daunenbett, dafür mit
besten Chancen auf
einen knurrenden
Magen, Muskelkater
und Sonnenbrand.

Eine kühle Dusche für die Pferde, ein heißes Bad für uns. Zwei Wochen waren wir unterwegs, sind müde, hungrig, starren vor Dreck. Eigentlich war's viel zu heiß für einen Wanderritt, und die letzten drei Quartiere ließen schwer zu wünschen übrig. Nach 14 Stunden Schlaf haben wir uns einigermaßen regeneriert und genießen das Gefühl, zum erstenmal seit einer kleinen Ewigkeit in saubere Kleidung zu schlüpfen. Am Abend dann, nach dem zweiten Bier in der Kneipe, fallen die verhängnisvollen Worte: „Eigentlich könnt' ich gleich wieder losreiten." Gesagt, getan ...

„Laßt mich nur auf meinem Sattel gelten! Bleibt in Euren Hütten, Euren Zelten! Und ich reite froh in alle Ferne, über meiner Mütze nur die Sterne", reimte einst – wer hätte das gedacht? – kein Geringerer als der Herr Geheimrat Goethe. Freilich: Züge und Autos gab's seinerzeit nicht. So blieb dem reiselustigen Dichter gar nicht viel anderes übrig, als sich aufs Pferd zu setzen, um nach Venedig oder Florenz zu kommen. Goethe wurde gezwungenermaßen zum Wanderreiter, zog mit seinem Pferd von Ort zu Ort, wußte oft genug morgens nicht, wie sein nächstes Nachtquartier aussehen würde, und legte dabei am Tag gerade die Strecke zurück, die man heute im Auto in einer halben Stunde hinter sich läßt. Spaß gemacht hat's ihm offenbar trotzdem. Was beweist, daß der Dichterfürst die goldene Grundregel aller Langstreckenreiter verinnerlicht hatte: Der Weg ist das Ziel.

WANDERN ZU PFERD – WARUM?

Natürlich: Die Zeiten haben sich geändert. Inzwischen fährt der ICE in gut drei Stunden von Frankfurt nach Hamburg. Doch Lieschen Müller aus Bad Soden und immer mehr andere Unverbesserliche finden, daß man sich eigentlich auch zwei Wochen Zeit nehmen und die Strecke hoch zu Roß zurücklegen könnte.

Böse Zungen finden natürlich jede Menge guter Argumente gegen diese antiquierte Art des Reisens. Recht haben sie.

Aber ausrichten können sie wenig: Wie bei jeder anderen Sucht läßt sich nicht so recht erklären, was die Süchtigen an der Sache finden. Alle Vernunft der Welt reicht nicht aus, den Wanderritt-Fanatiker von seiner Obsession zu befreien. Und das, obwohl die Nachteile ganz offenkundig überwiegen. Zumindest in den Augen komfortbewußter Realisten.

Machen Sie sich keine Illusionen: Als Wanderreiter geht Ihnen so ziemlich alles durch die Lappen, was Sie sonst am Urlaub schätzen. Statt der gesunden Seeluft genießen Sie nachts das Reizklima eines staubigen Heubodens. Das gute Essen in den „schönsten Wochen des Jahres" besteht aus einer Tafel Schokolade, die in der prallen Hitze den Aggregatzustand gewechselt und alles verschmiert hat, und aus ein paar Kekskrümeln, die Sie aus allen Winkeln Ihrer Satteltasche zusammensuchen müssen. Man gönnt sich ja sonst nichts.

Sie machen Bekanntschaft mit Muskeln, von deren Existenz Sie bis dahin nichts geahnt haben, und mit vorzugsweise stechenden Insekten, für die das gleiche gilt. Sie können plötzlich Stunden damit verbringen, über die besten Hausmittelchen gegen wundgescheuerte Knie, Mükkenstiche und Blasen an den Füßen zu diskutieren. Sie verspüren tiefe Dankbarkeit gegenüber einem Gastgeber, nur weil er Ihnen Zugang zu einem Badezimmer verschafft. Und die schönste Entspannung ist es, abends die steifen Füße aus den klammen Stiefeln zu zerren.

Aber da war doch noch die Sache mit der Marlboro-Romantik. Vergessen Sie's: Sie befinden sich nicht in der amerikanischen Prärie, sondern im hochzivilisierten und dichtbesiedelten Mitteleuropa. Wenn Sie sich abends auf einer gemütlichen Lichtung niederlassen und ein Feuerchen entfachen, können Sie Wetten abschließen, wer zuerst kommt: der wütende Förster, der Ihnen (zu Recht) erzählt, daß Sie Wild und Wald gefährden, oder der tobende Landwirt, der Ihnen (zu Recht) klarmacht, daß seine Wiese kein Campingplatz ist.

Nicht Cañons und reißende Wildbäche sind die Hindernisse, die den Wanderreiter

Als Wanderreiter sollten Sie auch gut zu Fuß sein ...

hierzulande aufhalten, sondern Autobahnen und Industriegebiete. Natürliche Feinde sind weder wilde Tiere noch Indianer, sondern mürrische Einheimische, die felsenfest davon überzeugt sind, daß Pferde Luxustiere und ihre Reiter rücksichtslose Rowdies sind. Entsprechend begeistert werden diese Menschen eine Gruppe von Wanderreitern empfangen.

Das alles schreckt Sie nicht ab, Sie wollen trotzdem unbedingt wanderreiten? Na gut – aber warum dann nicht eine dieser minutiös vorbereiteten

Reittouren, bei denen es mittags ein Picknick mit Kaviar und Schampus gibt, abends ein Drei-Gänge-Menü und nachts ein Hotelzimmer mit Federkern und Daunendecke, Bad und WC?
Ganz einfach: weil es nicht das gleiche ist. Wanderreiten bedeutet Abenteuer, und Abenteuer gibt's nicht als Pauschalangebot. Wanderreiten bedeutet auch, der Zivilisation trotzig ins Gesicht zu lachen und zu beweisen, daß man – zumindest vorübergehend – ganz gut ohne sie auskommen kann.

DIE SACHE MIT DER GASTFREUNDSCHAFT

Wer zu Pferd reist, bewegt sich in einem Tempo, bei dem die Seele bequem folgen kann. Kein Autofahrer, kein Bahnreisender und schon gar kein Flugzeugpassagier kann Menschen, Tiere und Landschaften so bewußt wahrnehmen wie ein Reiter. Unterwegs werden Sie die Kaulquappen in einer Pfütze sehen und den Fuchs, der, erfreut über seinen gelungenen Gänsediebstahl, übers Feld huscht. Und Sie werden feststellen, daß es neben mißtrauisch-abweisenden Zeitgenossen auch viele Leute gibt, die Ihnen mit unglaublicher Gastfreundschaft begegnen – und das in einem Land, das für diese Tugend nicht eben berühmt ist.
Wer ein paar Tage hoch zu Roß unterwegs ist, genießt Exotenschutz. Überraschend viele Menschen halten die Vagabunden im Sattel nicht für hoffnungslos verrückt, sondern finden es „toll, daß jemand so was macht". Wildfremde Menschen reißen sich plötzlich sämtliche Beine aus, um zu helfen. In manchen Regionen werden Sie's schwer haben, überhaupt voranzukommen, weil Sie an jedem Gartenzaun zu einem Schwatz und einem Schlückchen eingeladen werden.
Außerdem ist Wanderreiten unbestritten eine der besten Arten, völlig „abzuschalten", Schule, Büro, Baustelle oder Haushalt hinter sich zu lassen. Spätestens nach einem halben Tag im Sattel denken Sie nicht mehr an den Arbeitsalltag. Und sei's nur, weil Sie jetzt andere Probleme haben: Was esse ich, wo schlafe ich,

was frißt mein Pferd, wo schläft mein Pferd, wo bin ich überhaupt?
Ziemlich bald werden Sie den Überblick verloren haben, welcher Wochentag gerade ist. Und daß Ihre Armbanduhr irgendwo liegengeblieben ist, merken Sie erst nach Tagen, weil Sie das Ding sowieso nicht brauchen.
Zwar ist es körperlich verblüffend anstrengend, sich den ganzen Tag weitgehend tatenlos durch die Gegend tragen zu lassen. Aber für die Seele ist Wanderreiten Erholung pur.
In diesem Punkt sind sich die unterschiedlichsten Menschen erstaunlich einig. Da ist die Abiturientin, die nach dem Schulabschluß erst mal ein halbes Jahr Pause macht, um mit ihrem Pony kreuz und quer durch Deutschland zu reiten. Da ist der Mittfünfziger, der sich kurzerhand zwei Kleinpferde kauft, um mit ihnen die Welt zu umrunden. Da ist die Familie, die beschließt, die nächsten Sommerferien nicht an der französischen Riviera zu verbringen – statt dessen geht's mit Kind und Kegel per Pferd zur Oma.

FÜR JEDERMANN UND JEDESPFERD

So uneinig die Reiter untereinander sind, wenn's um Pferderassen, Haltung oder Reitweisen geht, so einig sind sie sich, was das Thema Wanderreiten angeht: Nahezu jeder würde gerne mal ein paar Tage losziehen ...
Soll er doch! Schließlich ist die einzige Grundvoraussetzung ein reitbarer Untersatz. Ob struppiger Isländer, gertenschlanker Achal-Tekkiner, Feld-Wald-Wiesen-Mix oder hünenhafter Holsteiner, spielt ausnahmsweise keine Rolle. Die Rassisten unter den Pferdefreunden müssen verstummen, wenn's um die Eignung fürs Wanderreiten geht.
Tun sie freilich nicht: Plötzlich wird nahezu jede Rasse als „optimal zum Wanderreiten" angepriesen, alle anderen sind angeblich zu groß, zu klein, zu schwer, zu leicht, zu stur, zu anfällig, zu kurz, zu lang, zu temperamentvoll, zu träge ... Hören Sie nicht auf das Geschwätz: Jedes Pferd, das gesund und einigermaßen klar im Kopf ist, taugt zum Wanderreitkumpel. Wie sonst ließe sich erklären, daß

der eine auf Haflinger schwört und der andere auf Warmblüter, der dritte auf Criollos und der vierte auf Araber? Offenbar haben sich Pferde aller Rassen irgendwann mal als Tourentiere bewährt.

Lassen Sie sich auch nicht von selbsternannten Gurus verwirren, die den Eindruck vermitteln, ein Wanderreiter bräuchte so was Ähnliches wie eine akademische Ausbildung. Natürlich haben Sie's mit einem anspruchsvollen Hobby zu tun und sollten entsprechend vorbereitet auf Tour gehen. Aber die Anweisungen verschiedener Experten treiben zuweilen seltsame Blüten. Da wird etwa die sichere Beherrschung des Dreisatzes vorausgesetzt, um eine Tagesetappe zu planen. Oder die Drei-Grad-Abweichung des topographischen Nordpols vom magnetischen Nordpol wird zur alles entscheidenden Frage hochstilisiert – dabei spielt sie höchstens bei Ritten durch die Sahara eine Rolle. Oder dem armen Wanderreit-Anfänger werden mathematische Formeln um die Ohren geschlagen, damit er lernt, die Differenz zwischen der Strecke auf der Landkarte und dem tatsächlichen Weg bei Steigungen exakt zu berechnen (als sei das nötig). Manch ein Wanderreit-Guru vermittelt den Eindruck, ohne Psychologiestudium und ausgeprägte Managerqualitäten dürfe sich kein Mensch zusammen mit anderen auf eine Reittour begeben (und auch sonst nirgendwohin). Andere behaupten, zum Wanderreiten gehöre ein ganz bestimmter Reitstil, ein ganz bestimmter Sattel, eine ganz bestimmte Ausrüstung, alles andere sei untauglich und grenze an Tier-

KLEIN, ABER FEIN ...

Zugegeben: Im Prinzip ist es egal, wie groß das Wanderreitpferd ist. Aber das „handliche Halbformat" hat unbestreitbare Vorteile. Zum einen ist der Futterbedarf von Kleinpferden relativ gering, das heißt, Sie müssen nicht gleich sämtliche Hafervorräte Ihrer Gastgeber plündern. Zum anderen passen die Kleinen auch durch Bahnunterführungen oder unter umgestürzten Bäumen durch, die Reit-Elefanten zu langen Umwegen zwingen.

Rasse-Mix: Ob Haflinger oder Warmblüter – fürs Wanderreiten eignet sich jedes gesunde Pferd.

quälerei – was zumindest den Hersteller des ganz bestimmten Sattels freut.

SPAZIERGANG ODER GEWALTMARSCH?

Fakt ist: Wanderreiten kann jeder, der neben gesundem Menschenverstand über eine ordentliche Portion Pferdeverstand, passable reiterliche Fähigkeiten und ein gesundes Reittier verfügt.
Zumal der Begriff Wanderreiten dehnbar wie Kaugummi ist. Denken Sie dabei an einen gemütlichen, mehrtägigen Spaziergang hoch zu Roß oder an einen monatelangen Gewaltmarsch? Kein Lexikon der Welt schreibt Ihnen vor, wie Sie reiten müssen, damit Sie sich als Wanderreiter bezeichnen dürfen. Was Tempo, Landschaft und Länge der Tour betrifft, haben Sie freie Wahl.
Vielleicht haben Sie bei der Sache noch einen ganz anderen Hintergedanken: Sie wollen sich ein besseres Verhältnis zu Ihrem Vierbeiner erschleichen, indem Sie dem Tier Tag und Nacht auf der Pelle hocken. Das ist völlig in Ordnung – und es klappt in der Regel hervorragend. Schließlich bleibt dem Roß

unterwegs nicht viel anderes übrig, als sich voll auf Sie zu verlassen. Diesen Umstand können Sie schamlos ausnutzen: Lange Touren sind eine hervorragende Therapie für mißtrauische oder eigenwillige Pferdepersönlichkeiten. Schade, daß wir nicht wissen, ob das auch der Herr Geheimrat Goethe so gesehen hat.

Die beiden haben gut lachen: Wanderritte schweißen zusammen.

WANDERREITEN – WAS IST DAS EIGENTLICH?

„Wir haben da neulich wieder so einen Wanderritt gemacht ..." Kein Grund, in Ehrfurcht zu erstarren, wenn Reiterkollegen von ihren vermeintlichen Gewalttouren hoch zu Roß berichten. Der Begriff Wanderreiten ist in keinem Lexikon der Welt klar definiert, und viele Pferdeleute nehmen diese erfreuliche Tatsache zum Anlaß, schon eine schlichte Tagestour dreist mit diesem hochtrabenden Wort zu belegen.

Wenn in diesem Buch die Rede vom Wanderreiten ist, sind damit Touren gemeint, die drei Tage oder länger dauern. „Echt-Bedingungen" an ein oder zwei Tagen zu simulieren, ist fast nicht möglich. Daran scheitern auch sämtliche Versuche, Wanderreiten als Wettbewerb zu etablieren. Es gibt die abenteuerlichsten Reglements, die mit Sicherheit für spannende Tage hoch zu Roß sorgen – aber eben nichts mit wochenlangem gemütlichem Durch-die-Lande-Bummeln zu tun haben. „Turniermäßiges Wanderreiten" ist nun mal ein Widerspruch in sich – schließlich geht's beim Wanderreiten um alles mögliche, aber nicht um Wettkämpfe.

Überraschend genug, daß es trotzdem Versuche zuhauf gibt, jenen Reitern Vergleichsmöglichkeiten zu bieten, die doch eigentlich nur für sich durch die Lande ziehen möchten.

Sowohl bei den Veranstaltungen des Ersten Trekking Clubs Deutschlands (ETCD) als auch bei den „Competitive Trail Ridings" der Vereinigung der Freizeitreiter Deutschlands (VFD) kommt es darauf an, vorgegebene Strecken in einer bestimmten Zeit – möglichst auf die Minute genau – zurückzulegen. Bei „echten" Wanderritten dagegen können Sie Ihre Armbanduhr getrost zu Hause lassen.

Bei der deutschen und der Weltmeisterschaft der Wanderreiter (auch das gibt's!) sind Gelände-Springstrecken Prüfungsbestandteil. Ist ja sehr schön, wenn jemand mit seinem Pferd solche Aufgaben meistert. Aber für den traditionellen Wanderreiter sind profunde Kenntnisse im Vielseitigkeitsreiten so entbehrlich wie ein Kropf.

Ebenso zweifelhaft: Höchste Wertnoten gibt es für den schnellsten Schritt und den langsamsten Galopp. Nun ist ein fleißiger, raumgreifender Schritt für ein Wanderreitpferd durchaus wünschenswert, aber ein überhastetes Dahingetippel unter Rennbahnbedingungen kann nicht Sinn der Übung sein. Und ein wirklich langsamer Galopp setzt ein in höchstem Maße versammeltes Pferd voraus und ist für den Vierbeiner damit viel anstrengender als sein natürliches Tempo. Wieder gilt: Feine Sache, wenn das Roß so gut ausgebildet ist, daß es den Lipizzanern der Spanischen Reitschule Konkurrenz machen kann. Rittigkeit und Versammlung sind für das Wanderreitpferd so wichtig wie für jedes andere, aber der Galopp fast auf der Stelle ist trotzdem nicht die richtige Gangart für eine lange Tour.

Ähnlich fragwürdig sind diverse Abzeichen für Wanderreiter. Die Prüfung des Islandpferdereiter und -züchterverbandes (IPZV) etwa qualifiziert Sie allenfalls, einen normalen Ausritt unbeschadet zu überstehen. Lassen Sie sich also nicht verrückt machen von Reglements und Anstecknadeln: Nicht der ist ein Wanderreiter, der Siege und Auszeichnungen vorweisen kann – sondern derjenige, der lange Strecken mit gesunden Pferden hinter sich gebracht hat. Das Nette am Wanderreiten ist schließlich, daß es nichts, aber auch gar nichts mit Schleifen und Pokalen zu tun hat ...

DAS PFERD: FAULPELZ ODER LAUFTIER?

Warum
Pferde eigentlich
keine Marathontiere
sind und wann man
anfangen kann, über
eine Mehrtagestour
hoch zu Roß nach-
zudenken.

Seinem Namen zum Trotz sind dem Norweger Peppy drei Schritte zuwenig allemal lieber als einer zuviel. Peppy hätte alle Möglichkeiten der Welt, seinen Bewegungsdrang auszuleben. Nur: Er besitzt keinen. Weder der große Auslauf vor dem Offenstall noch die ausgedehnten Weiden motivieren ihn zu sportlichen Leistungen. Die freiwilligen Aktivitäten des Falben beschränken sich darauf, im Schleichschritt von Grasbüschel zu Grasbüschel zu pilgern. Wenn er satt ist (was selten vorkommt), stellt er sich in seine Lieblingsecke und beginnt zu dösen ...

Es stimmt schon, Pferde sind Lauftiere. Aber wer bei diesem Wort an donnernde Hufe und wehende Mähnen denkt, liegt grob daneben. Kein Pferd wird zum Wanderreitroß geboren, Sie müssen Ihren Vierbeiner schon dazu machen.

Lauftier, das bedeutet in der Natur erstens: Das Pferd läuft in aller Ruhe zu neuen Futterplätzen, wenn die alten abgegrast sind. Und es läuft zum Wasserloch. Zweitens: Das Pferd läuft so schnell wie möglich davon, wenn ein Raubtier auf der Suche nach einem Mittagessen vorbeischaut. Letzteres passiert unseren zivilisationsverwöhnten Haustieren allerdings ziemlich selten.

Doch auch in freier Wildbahn würden die Pferde den Teufel tun, ihre Energie einfach sinnlos zu verschwenden. Zwar grasen sich die Mitglieder der Familie Equus Schritt für Schritt vorwärts. Aber gigantische Strecken kommen dabei nicht zusammen. Wissenschaftler haben beobachtet, daß Zebraherden nicht mehr als zwölf Kilometer am Tag unter die Hufe nehmen, die Flucht vor dem Löwen mitgerechnet. Nicht gerade das, was man von angeblichen „Langstreckenläufern" erwartet hätte – es reicht eben so, um den Namen „Fernwanderwild" zu verdienen.

DER „NATÜRLICHE BEWEGUNGSDRANG"

Um die Bezeichnung „Fernwanderwild" brauchen sich Deutschlands letzte freilebende Pferde, die Dülmener im Merfelder Bruch, gar nicht

erst zu bewerben. Mit Löwen oder Wölfen haben sie nichts am Hut: Die gibt's in Westfalen nur in Zoos. Wohl auch deshalb glänzen die Ponys durch eine gewisse Standorttreue: Die Herde bleibt tagelang auf ein paar tausend Quadratmetern Wiese und zieht – ganz ökonomisch – erst weiter, wenn diese Fläche abgegrast ist. Wilde Galoppaden beschränken sich auf ein paar Sekunden: Sehr schnell wird den Pferden klar, daß jenes Knacken im Gebüsch keine Gefahr bedeutete, und sie kommen wieder zur Ruhe.

Wen wundert's, daß unsere Reitpferde eine noch lahmere Truppe sind? Wie wir Menschen hätten viele Vierbeiner durchaus die Möglichkeit, täglich eine Stunde ein freiwilliges Fitneßtraining zu absolvieren. Und wie wir Menschen verzichten sie mit Vergnügen darauf, weil man schließlich auch bequemer leben kann.

Selbst wer sein Roß in einer optimalen Offenstallanlage mit massenhaft Platz hält, wird es nur selten „einfach so" über die Wiese galoppieren sehen. Vielleicht gibt's zwischendurch mal eine spielerische Rauferei. Unter Wallachen kommt das schon mal vor, Stuten dagegen verzichten meist ganz auf solche Kraftmeiereien. Aber den Großteil der Zeit stehen die Pferde dösend in irgendeiner Ecke. Sie sind zu Couch Potatoes degeneriert, Hauptinteressen: Fressen und Faulenzen.

WER TRAINIERT SCHON FREIWILLIG?

Diese Trägheit ist für die Vierbeiner natürlich genauso ungesund wie für uns Zweibeiner. Sie geht aber so weit, daß sich die Menschen alles mögliche einfallen lassen

Erst kommt das Fressen, dann die Moral: Die meisten Pferde laufen von sich aus nur bis zum nächsten Grasbüschel.

müssen, um ihren Tieren Beine zu machen. Warum sollten die Pferde auch freiwillig die Hufe schwingen? Ihr genetisches Programm sieht anders aus. Erstens: „Friß, was reingeht, denn der nächste Winter kommt bestimmt, und du wirst Fettvorräte brauchen. Schließlich kannst du dich nicht darauf verlassen, daß eine Heulieferung kommt, wenn das Gras knapp wird." Zweitens: „Spar deine Kräfte, denn du könntest sie brauchen, wenn ein Raubtier auftaucht. Es ist unökonomisch, einfach so zum Spaß rumzurennen – ein Minimal-Fitneßprogramm reicht völlig aus. Du mußt lediglich so gut in Form sein, daß es für einen schnellen Sprint zur Flucht reicht."

Mehr Bewegung hält das Durchschnittspferd tatsächlich nicht für nötig. Schließlich bekommt es das Frühstück sozusagen ans Bett gebracht und muß sich auch sonst um nichts kümmern.

Natürlich gibt es graduelle Unterschiede in Sachen Bewegungsdrang. Sie sind unter

Die Ruhe weg: Sozialkontakte wie die gegenseitige Fellpflege laufen in der Regel gemütlich ab.

anderem rasseabhängig. Hochblütige Vierbeiner, deren Ahnen als Steppenrenner auf Flucht spezialisiert waren, bequemen sich eher zu einem Galopp als kaltblütige Rösser, deren Vorfahren in Gegenden lebten, die viele Schutz- und Versteckmöglichkeiten boten. Auch das Temperament spielt eine Rolle: Ein vierbeiniges Powerpaket bewegt sich freiwillig wesentlich mehr als ein phlegmatischer Vertreter seiner Art.

Aber eines können Sie sich als Pferdehalter auf jeden Fall abschminken: Ihr Vierbeiner wird nicht stundenlang am Zaun auf und ab patrouillieren, um sich selbst die Kondition für einen Wanderritt anzutrainieren.

WIE GUT KENNEN SIE IHR PFERD?

Setzen Sie sich mal ein paar Stunden lang an den Rand der Koppel. Beobachten Sie Ihr Pferd einfach nur – und führen Sie im Geiste Buch: Wieviel Zeit verbringt es mit Fressen, Dösen, Schlafen, Spielen? Verhält sich Ihr Vierbeiner im Vergleich zu seinen Weidegenossen eher agil, oder gehört er zur Gattung der Faulpelze?

Wie lebhaft oder träge ein Pferd auf der Weide ist, sagt einiges über sein Temperament aus – aber nicht viel über seine Eignung als Wanderreitkumpel. Geben Sie also nicht gleich die Hoffnung auf, wenn Ihr geliebter Vierbeiner nur schlafmützig über die Wiese schlurft.

ERZIEHUNG ZUM MARATHON MAN

Kein Pferd der Welt wird als Marathonläufer geboren. Doch Sie können nahezu jedes Pferd dazu machen.

Hören Sie getrost weg, wenn darüber gefachsimpelt wird, welche Pferderasse fürs Wanderreiten optimal ist. Wer behauptet, es komme überhaupt nur ein mittelgroßer, stabil gebauter Vierbeiner mit eher kurzem Rücken und kräftigen Gliedmaßen in Frage, der ignoriert dreist die Tatsache, daß unzählige Pferde diese Anforderungen nicht erfüllen und dennoch schadlos Tausende von Kilometern unter die Hufe genommen haben.

Wer fürs Wanderreiten auf hochblütige, größere Pferde schwört, wird prompt Lügen gestraft durch Hunderte von Ponys, die erstaunliche Leistungen erbracht haben. Stellvertretend für die „Kleinen“ seien die Isländer genannt, die im Jahr 1976 gut 6.000 Kilometer quer durch die USA marschierten. Wer dagegen erklärt, ein Vierbeiner über 1,50 Meter Stockmaß tauge nicht für große Touren, liegt ebenso daneben: Warmblüter, Vollblüter, Mulis – sie alle bestanden den amerikanischen Härtetest ebenfalls mit Bravour. Welches Pferd der Wanderreiter sattelt, ist also vor allem Geschmackssache. Hauptsache, das Tier ist gesund und klar im Kopf.

Auch andere „goldene Regeln“ werden von den Vierbeinern prompt widerlegt. So fällt es einem Pferd mit relativ kurzem Rücken sicherlich leichter, das Reitergewicht zu tragen. Doch um diese Weisheit kümmern sich zahlreiche Pferde mit langen Rücken nicht die Bohne und marschieren jahrzehntelang unverdrossen durch die Lande. Selbst Stellungsfehler, die jedem Experten die Tränen in die Augen treiben, hindern so manches Roß nicht daran, x-beinig und ohne jede Lahmheit gut 30 Jahre alt zu werden und zuvor noch halb Deutschland zu durchqueren.

SPIELPLATZ-BAU

Stopfen Sie den Auslauf Ihres Pferdes voll mit Bewegungsanreizen: Legen Sie Äste, Reifen und Stangen auf den Boden. Bauen Sie kleine Zäune, die die Rösser umrunden müssen, um von A nach B zu kommen. Befestigen Sie an einem Pfosten stabile Bürsten oder Besen, an denen sich die Pferde nach Herzenslust scheuern können. Kurz: Machen Sie den Vierbeinern die verschiedenen Ecken des Auslaufs so schmackhaft, daß sie sich von selbst möglichst viel hin und her bewegen.

STUTE, WALLACH, HENGST?

Ob Stute oder Wallach, spielt ebenfalls keine Rolle. Allerdings: Wenn Sie zu den Anhängern der Modeströmung „Man trägt wieder Hengst“ gehören, haben Sie ein Problem. Zumindest, wenn Sie in einer Gruppe wandern wollen. Wenn Sie Ihren „ganzen

Mann" nachts auf der fremden Weide mit Wallachen zusammenstellen, gibt's vermutlich Zoff. Sind Stuten dabei, gibt's Fohlen. Beides dürfte nicht unbedingt im Interesse Ihrer Mitreiter sein. Für den Hengst – und sei er noch so gut erzogen – muß immer eine Extrawurst gebraten werden. Er braucht nachts eine ausbruchssichere Einzelzelle und in der Mittagspause einen Anbindeplatz, der möglichst weit vom Rastplatz der anderen Pferde entfernt ist. Kurz: Der Kerl wird die Nerven seines Reiters und des Rests der Gruppe ziemlich strapazieren.

Wenn Sie ein Pferd fürs Wanderreiten kaufen, sollten Sie natürlich schon darauf achten, daß es von der Größe her zu Ihnen paßt, gesunde, stabile Beine und einen tragfähigen Rücken hat. Doch auch wenn ein selbsternannter Wanderreit-Guru beim Anblick Ihres heißgeliebten Vierbeiners die Hände über dem Kopf zusammenschlägt: Machen Sie sich nichts draus. Es ist unwahrscheinlich, daß Ihr Roß sich tatsächlich nicht fürs Wanderreiten eignet. Sie müssen ihm allerdings Zeit geben, ein Kumpel für lange Touren zu werden. Und Sie müssen sich selbst Zeit nehmen. Fast alle Eigenschaften, die ein gutes Langstreckenpferd braucht, hängen von der Ausbildung und der Erziehung ab. Dadurch weitgehend unbeeinflußbar sind eigentlich nur zwei Grundvoraussetzungen: robuste Gesundheit und etwas Fleiß. Mit einem extrem anfälligen Tier kommen Sie wahrscheinlich keine 20 Kilometer weit, und ein Wanderritt mit einem stinkfaulen Vierbeiner ist einfach Folter – für Pferd und Reiter. Allerdings kann es auch vorkommen, daß ein arbeitsscheuer Phlegmatiker in fremdem Gelände plötzlich aufblüht und selbst Spaß am Abenteuer bekommt ... Probieren Sie's einfach!

Daß zu quirlige Pferde sich nirgendwo besser beruhigen als bei Langstreckenritten in gemäßigtem Tempo, versteht sich eigentlich von selbst.

NICHTS FÜR YOUNGSTER

Sie haben Ihr Pferd also für tauglich befunden? Dann stellt sich noch eine letzte

Frage: Ist der Vierbeiner überhaupt schon groß genug für lange Touren? Denn ein Jungspund, der vor gerade mal einem Jahr Bekanntschaft mit Sattel und Reiter gemacht hat, sollte besser noch ein bißchen durchatmen dürfen.

Erst mit sechs bis acht Jahren sind Pferde ganz ausgewachsen. Ihr Endmaß haben sie zwar meist schon vorher erreicht, aber Knochen und Knorpel, Sehnen und Bänder sind noch nicht voll entwickelt.

Im großen Sport werden schon von Fünfjährigen enorme Leistungen gefordert. Ma-

Beine gemacht: Zu Marathonläufern werden Pferde nur durch konsequentes Training.

chen Sie mit Ihrem Roß nicht den gleichen Fehler – denken Sie lieber kurz darüber nach, warum Sie so wenige Sportpferde kennen, die älter als 15 Jahre sind. Chronische Sehnen- und Gelenkserkrankungen sind typische Spätfolgen von Überlastung in jungen Jahren.

Die Distanzreiter wissen offenbar besser Bescheid: Auf langen Ritten starten kaum Vierbeiner unter acht Jahren, dafür etliche, die wacker auf die 20 zutraben. Wenn Sie also lange Spaß an Ihrem vierbeinigen Partner haben wollen, ersparen Sie ihm Kinderarbeit. Lassen Sie das Pferd lieber ein Jahr länger auf der Fohlenweide, wenn Ihnen der Youngster noch zu babyhaft erscheint. Und geben Sie ihm unter dem Sattel mindestens zwei Jahre Zeit, sein Gleichgewicht zu finden und Knochengerüst sowie Bewegungsapparat zu stärken, bevor Sie lange Strecken von ihm fordern. Der Muskelaufbau geht schnell – aber bis die Basis dafür geschaffen ist, dauert es einfach eine Weile. Ihr Pferd sollte also seit geraumer Zeit regelmäßig unter dem Sattel sein, bevor Sie es zum Wanderkumpel machen. Einige gemächliche Tages- und Zweitagestouren können Sie nach einem Jahr schon planen, um den Kleinen behutsam auf große Taten vorzubereiten. Es muß ja nicht gleich eine Alpenüberquerung sein ...

MACHEN SIE IHREM PFERD BEINE!

Geborene Marathon-Experten sind Pferde vielleicht nicht – aber sie sind Athleten und Lauftiere, die zumindest die Möglichkeit brauchen, sich jederzeit frei zu bewegen.
Auch wenn die meisten Rösser in großen Ausläufen die meiste Zeit tatenlos herumstehen – ein bißchen Bewegung ist dennoch fast ständig in der Herde. Der eine Vierbeiner schlendert gemütlich Richtung Stall, um zu gucken, ob sich die Heuraufe vielleicht auf wundersame Weise von alleine aufgefüllt hat. Der andere sieht sich nach einem Kumpel um, der mit ihm Fellkraulen spielt, und der dritte sucht umständlich nach dem besten Platz zum Äpfeln, Pinkeln oder Wälzen.
Um körperlich und seelisch gesund zu bleiben, brauchen Pferde Licht, Luft, Klimareize, direkten Kontakt mit Artgenossen und die ständige Möglichkeit, sich zu bewegen. Es ist kein Zufall, daß Verhaltensauffälligkeiten wie Koppen, Weben oder extreme Aggressivität fast ausschließlich bei reinen Boxbewohnern vorkommen. Mal ehrlich: Möchten Sie Ihr Leben in einer Wohnung fristen, die gerade mal Klogröße hat?
Wenn Sie aus Ihrem Vierbeiner – ob Norweger oder Araber, spielt keine Rolle – einen ausgeglichenen Wanderkumpel machen wollen, gönnen Sie ihm soviel Freiheit und Frischluft wie möglich. Mehrere Stunden Koppelgang am Tag sind das Minimum. Und zwar bei jedem Wetter – das härtet ab! Dabei kann Ihr werdender Wandergeselle auch ganz in

Lange Wege: Bei dieser Stallanlage führt ein 80 Meter langer Sandweg vom Offenstall zum Paddock. Die Pferde laufen täglich unzählige Male zwischen Stall und Auslauf hin und her.

Ruhe Ungeheuer wie Traktoren oder Silofolien kennenlernen. Und der Verdauungstrakt stellt sich auf Gras als Hauptnahrungsmittel ein – eine unentbehrliche Voraussetzung für einen Wanderritt. Weder Nässe noch Kälte noch Matsch sind für ein Pferd unnatürlich (vorausgesetzt, es gibt einen trockenen, zugluftfreien Unterstand). Auf einen feuchtwarmen Stall dagegen hat es die Evolution nicht vorbereitet.

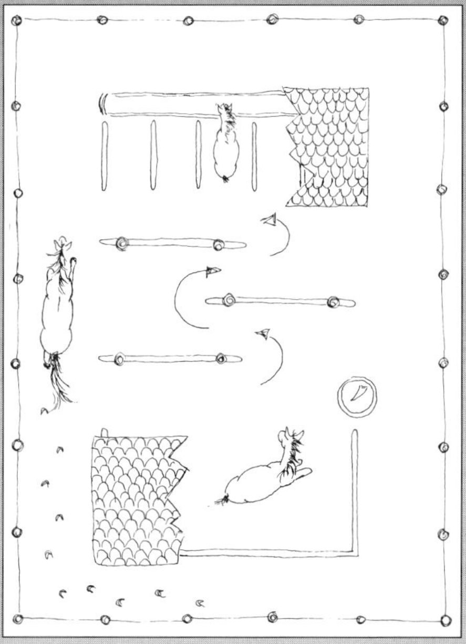

Der perfekte Offenstall: Freßbereich (oben) und Ruhezone (unten) sind möglichst weit voneinander entfernt, und von der Futterstelle zum Wasserfaß (rundes Symbol) ist ein gutes Stück Weg zu bewältigen. Die Strecke, die um beide Gebäude herumführt, lädt zum Flitzen ein. Wer nicht außenrum laufen will, muß wegen der freistehenden Gatter Umwege in Kauf nehmen.

Vielleicht läßt sich ja vor die Box wenigstens ein kleiner Paddock bauen. Vier mal vier Meter „Terrasse" sind immer noch besser als gar nichts. Artgerechter ist natürlich ein richtiger Offenstall, den sich das Pferd mit Artgenossen teilt. Bei dieser Haltungsform kann es zu jeder Tages- und Jahreszeit selbst wählen, ob es draußen oder drinnen sein möchte.
Neben den einfachen Offenställen gibt es ausgeklügelte Anlagen, die den Rössern regelrecht Beine machen: Freßbereich, Schlafbereich und Tränke sind räumlich so weit wie möglich voneinander getrennt, so daß die Vierbeiner gezwungen sind, ständig hin- und herzuwandern. Zaunelemente nach dem Vorbild von Raumteilern sorgen dafür, daß Umwege nötig werden. Es gibt immer nur kleine Portionen Futter – dafür viele Male am Tag, so daß die Pferde immer wieder nachschauen gehen, ob es schon Nachschub gibt ...
Machen Sie sich keine Hoffnungen: Auch ein so gehaltenes Pferd trainiert sich nicht von alleine für einen Wanderritt. Aber es bringt eine wesentlich bessere Grundkondition mit. Und, fast noch wichtiger: Es ist bedeutend klarer im Kopf als seine Artgenossen in den stickigen Ställen. Weil es leben darf wie ein Pferd.

KNIGGE FÜR DEN VIERBEINER

Wie man
sein Pferd seelisch und
moralisch auf die große
Tour vorbereitet und es
zu einem Kumpel
erzieht, den so schnell
nichts aus der Fassung
bringt – aber bitte mit
Manieren!

Es ist bullenheiß, und der Baggersee kommt uns gerade recht. Vorsichtig führen wir die Pferde die steile Böschung hinunter, damit sie trinken können. Martin steht schon bis zur Hüfte im Wasser und lockt sein Roß hinterher. Das zögert keine Sekunde: Mit allen vieren springt Navar ins erfrischende Naß. Dabei ist es dem Haflinger leider völlig schnuppe, daß auf seinem Landeplatz schon jemand steht. Martins Oberschenkel färbt sich spontan blaugrün. Nicht, daß Navar unzuverlässig wäre – nur ist er bei all seiner Gelassenheit leider ein rücksichtsloser Trampel ...

Wenn Sie mit Ihrem Pferd auf Tour sind, hat das liebe Tier alle erdenklichen Möglichkeiten, Ihnen das Leben zur Hölle zu machen. Da gibt es zum Beispiel die Vierbeiner, die eine ganze Reitergruppe zu einem fünf Kilometer langen Umweg zwingen, weil sie sich kategorisch weigern, eine knöcheltiefe Furt zu durchqueren. Oder jene Rösser, die zum Sicherheitsrisiko werden, sobald am Horizont ein klappriges Fahrrad auftaucht. Von Mähdreschern und ähnlichen Ungeheuern ganz zu schweigen.

Neben den vierbeinigen Nervenbündeln gibt es wahre Panzer, die sich vor wirklich nichts erschrecken – aber auch komplette Ignoranz kann den Reiter zur Weißglut bringen. Ohne Rücksicht auf Verluste walzen solche Pferde überall durch, und wer im Weg steht, hat eben Pech gehabt. Beim Führen zerren sie entweder ständig am Halfter oder lassen sich hinterherschleifen. Sicher anbinden kann man diese Tiere nur mit Drahttauen an hundertjährigen Eichen. Und wer ihnen krumm kommt, kann ihre Hufe von unten besichtigen.

BITTE RECHT HÖFLICH!

Mit Pferden ist es wie mit Menschen: Wenn man nur ein paar Stunden am Tag mit ihnen zusammen ist, kann man über ihre Macken großzügig hinwegsehen. Hat man sie aber ständig um sich, treiben einen die Marotten in den Wahnsinn. Wer sich nicht nur in den Reithallen, sondern auch in den Stallgassen umsieht, stellt schnell fest: Pferde mit guten Manieren sind rar, und ein Tier, das unter dem Sattel alles mitmacht, muß das noch längst nicht tun, wenn man neben ihm steht. Aber für ein Wanderreitpferd ist ein gerüttelt Maß an Höflichkeit noch wesentlich wichtiger als für einen Vierbeiner, den man nach zwei Stunden wieder in die Box oder auf die Weide stellt.

Das Schöne daran: Während Sie nervtötende Mitmenschen kaum verändern können, haben Sie's bei Ihrem Pferd selbst in der Hand: Sogar der größte Hasenfuß läßt sich zu einem Partner erziehen, der für Sie durch dick und dünn geht – wenn auch mit skeptischem Blick. Und selbst der abgebrühteste Sturkopf kann lernen, auf feine Signale zu reagieren und nicht mehr hemmungslos alles über den Haufen zu rennen, was ihm im Weg steht.

Es liegt also an Ihnen, Ihr Roß zu einem Kumpel zu erziehen, mit dem man gerne einen Urlaub verbringt. Wenn Sie keine Lust haben, sich unterwegs ständig mit den Starallüren Ihrer vierbeinigen Diva oder den Unflätigkeiten Ihres Trampeltiers herumzuärgern, sollten Sie die Grundausbildung sehr ernst nehmen. Mit den meisten Lektionen können Sie schon anfangen, bevor der Youngster zum erstenmal einen Sattel trägt – je früher, desto besser. Es lohnt sich, schon im Interesse Ihres Nervenkostüms. Ganz abgesehen davon, daß es nicht ganz ungefährlich ist, wenn zehn Zentner Lebendgewicht unkontrolliert durch die Gegend toben.

Das Klassenziel ist klar: Der vierbeinige Abiturient am Gymnasium des Freizeitpferdes ist ein unkomplizierter und freundlicher Zeitgenosse, der auf feinste Signale seines Reiters reagiert, weder rempelt noch randaliert, sich am seidenen Faden führen und reiten läßt, eine Pferdegruppe verläßt, ohne mit der Wimper zu zucken, dem Schmied höflich jeden Huf reicht und den Hänger betritt, als sei's eine grüne Wiese. Das perfekte Roß läßt sich millimetergenau vorwärts, seitwärts und rückwärts dirigieren, bewahrt in kritischen Situationen die Nerven, hat für flatternde Planen oder rappelnde Traktoren nur ein müdes Gähnen übrig und

Verkehrserziehung: Autos lassen nervenstarke Rösser cool.

geht stets eifrig, gelassen und in guter Selbsthaltung vorwärts.
Lernen kann zwar das jedes Pferd – allerdings nicht von alleine. Vor dem Abitur ist erst mal die Grundschule fällig.

STILLGESTANDEN!

Das A und O der Grunderziehung: Ihr Roß muß stillstehen können. Das klingt einfacher, als es ist. Denn zum natürlichen Verhalten gehört das Anhalten auf Kommando nicht. In der Herde steht das Pferd nur dann, wenn es ihm gerade paßt – etwa, wenn es döst. Ein ranghöheres Tier zwingt seinen Herdengenossen vielleicht zur Bewegung, nicht aber zum Stehenbleiben. Viele Reiter tun das leider auch nicht: Pferde, die beim Putzen, Satteln oder Warten ständig herumhampeln, sind eher die Regel als die Ausnahme. Auf einem Wanderritt wird das extrem lästig. Den Sattel bekommt man noch irgendwie auf den Zappelphilipp, aber wenn man die Packtaschen vertäuen will, wird's kritisch. Kartenstudium, Pinkelpause, Anhalten vor der Landstraße – all das wird zum nervenzehrenden Kraftakt, wenn der Vierbeiner dauernd herumkaspert.
Üben Sie das Stillstehen also mit eiserner Konsequenz. Es bildet nicht nur die Basis für alle anderen Benimmregeln,

sondern hat auch eine immens wichtige Funktion: Wer sein Pferd in jeder Position „einfrieren“ kann, durchbricht damit den Fluchtreflex. Und der kann Roß und Reiter um Kopf und Kragen bringen, wenn dem durchgehenden Duo gerade mal eine Bundesstraße in die Quere kommt.

Verbinden Sie das Halten immer mit dem gleichen, klaren Stimmkommando („Haaaalt“, „Hoooo“, „Ssst“ oder was immer Sie wollen – nur ständig wechseln sollten Sie nicht). Bleiben Sie freundlich, aber lassen Sie dem Vierbeiner keine Frechheiten durchgehen. Wenn Ihr Pferd unaufgefordert einen Schritt nach vorne macht, muß es – in aller Ruhe – genau diesen Schritt wieder zurückgehen. Weicht es nach links aus, wird es nach rechts korrigiert. Drängelt es zurück, muß es wieder nach vorne. Alle unerlaubten Bewegungen werden prompt in die entgegengesetzte Richtung berichtigt. Das wird Ihrem Pferd sehr bald zu dumm werden, so daß es lieber gleich stehenbleibt.

Sie können das Stillstehen eigentlich immer üben – beim Putzen, Satteln, Aufsitzen, beim Führen und beim Ausritt. Ein Tip: Gewöhnen Sie sich an, nach dem Aufsitzen still bis 30 zu zählen, bevor Sie losreiten. Sobald der Vierbeiner zappelt, fangen Sie wieder von vorne an. Das schult nicht nur den Gehorsam, sondern bringt auch Ruhe in Pferd und Reiter.

Mit der Konsequenz ist das

Wartestellung: Gut erzogene Pferde bleiben unangebunden stehen – egal, was um sie herum passiert.

so eine Sache – viele Reiter beschummeln sich gern selbst. Tun Sie's nicht! Lassen Sie Ihrem Vierbeiner keine Selbständigkeiten durchgehen, so nach dem Motto: „Ich wollte ja sowieso gerade losreiten." Halt heißt wirklich Halt, Dienst ist Dienst und Schnaps ist Schnaps. Basta.

Wenn Ihr Pferd das begriffen hat, sind Sie schon einen riesigen Schritt weiter – weil das Roß gelernt hat, auf Sie zu hören und nicht auf das, was ihm gerade selbst einfällt. Das hat nichts mit Knechten oder Unterwerfen des Vierbeiners zu tun: Wie Hunde haben es auch Pferde gern, wenn ihnen jemand die Entscheidung abnimmt, wo's langgeht. Das vermittelt Herdentieren ein Gefühl der Sicherheit und Geborgenheit – vorausgesetzt, der Jemand wirkt auf den Vierbeiner kompetent und vertrauenswürdig.

Bald werden Sie Ihr Pferd auch unangebunden parken können. Westernreiter lassen beim *Ground Tying* einen Zügel auf den Boden fallen, um dem Roß zu signalisieren, daß es stillzustehen hat. Wenn Ihnen Ihre Zügel zu schade sind, geht es natürlich auch ohne diesen Trick. Experimentieren Sie zunächst aber nur auf einem umzäunten Platz ...

Entfernen Sie sich anfangs nicht weit von Ihrem Vierbeiner. Sobald das Roß losmarschiert, bringen Sie es in aller Ruhe wieder an seinen Aus-

PASSIVER WORTSCHATZ

Verwenden Sie bei der Ausbildung Ihres Pferdes immer die gleichen Stimmkommandos.
Dann kann Ihr Pferd die Bedeutung extrem vieler Begriffe lernen und sich an Ihren Kommandos „entlangtasten", um etwas richtig zu machen. Die Standards: „Halt", „Komm", „Scheritt", „Terabb", „Galopp", „Zurück" und „Braaav". Sinnvolle Ergänzungen: „Nein", „Vooorsichtig", „Kehrt". Natürlich können Sie auch andere Worte verwenden – Hauptsache, Ihr Pferd weiß, was gemeint ist. Damit es Sie versteht, müssen Sie aber auch die richtige Tonlage wählen: Bei Kommandos zum Langsamerwerden sollte Ihre Stimme tief und ruhig klingen; soll Ihr Roß beschleunigen, so muß auch der Tonfall aufmunternd sein.

gangspunkt zurück. Am besten rückwärts. Klar, daß eine dicke Belohnung fällig ist, wenn das Stillstehen ohne Korrekturen klappt.

FÜHRUNGS-QUALITÄTEN

Schon klar, daß Sie bei einem Wanderritt reiten wollen und nicht wandern. Hilft aber alles nichts: Sie werden immer mal wieder per pedes neben Ihrem Roß herlaufen müssen, um seine Beine oder Ihren Allerwertesten zu schonen. Darum sollte Ihr Vierbeiner artig bei Fuß gehen, ohne Ihre Zehen unter seinen Hufen zu zermalmen.
Auch Führen will gelernt sein. Bodenarbeit gehört deshalb zur Grundausbildung für jedes angehende Wanderreitpferd: Lehren Sie Ihren Weggefährten, neben und hinter Ihnen überallhin zu laufen, und zwar ohne zu drängeln oder zu trödeln. Auch hier gilt: Sie müssen Ihren Vierbeiner gut kennen, um richtig reagieren zu können. Mit einem Pferd, das Ihnen ständig fast auf dem Schoß sitzt, weil es sich vor allem ganz schrecklich fürchtet, müssen Sie anders umgehen als mit einem büffeligen Ignoranten. Letzterer kann schon mal einen Nasenstüber gebrauchen, während man dem schüchternen Sensibelchen behutsam mehr Selbstbewußtsein vermitteln muß. Für beide Charaktertypen prima geeignet: Erziehung nach Linda Tellington-Jones mit Hilfe von Führkette und langer Touchiergerte. Dabei bringen Sie dem Pferd Schritt für Schritt bei, Aufgaben selbständig zu bewältigen – und trotzdem präzise auf den Menschen zu achten. Es würde zu weit führen, die Methode hier detailliert vorzustellen. Sie ist in dem Buch „Die Tellington-Methode – So erzieht man sein Pferd“ beschrieben.*

Wenn die Grunderziehung sitzt, ist Ihr Roß reif für die gymnasiale Oberstufe: fürs Nerventraining. „Auslappen“ oder „Aussacken“ nennen die Westernreiter diesen Prozeß, bei dem der Vierbeiner lernt, alle Schrecknisse des Alltags

* Ursula Bruns/Linda Tellington-Jones, *Die Tellington-Methode – So erzieht man sein Pferd*, erschienen im Müller Rüschlikon Verlag

mit einem Schulterzucken hinzunehmen. Vorausgesetzt, der Mensch versichert glaubhaft, die Sache sei harmlos. Das muß sie dann natürlich auch sein: Nichts ist fataler als mißbrauchtes Vertrauen.

Lassen Sie Ihr Pferd über knisternde Planen laufen und darunter durchtauchen. Behängen Sie es mit Plastiktüten, wedeln Sie mit Lumpen vor seiner Nase herum. Lassen Sie es klappernde Säcke über den Boden schleifen und über mit Luftballons garnierte Cavaletti steigen. Führen Sie es über klappernde und wippende Hindernisse und durch schmale Gassen. Konfrontieren Sie es mit Krach aller Art. Besuchen Sie regelmäßig den Nachbarn mit dem Traktor und lassen Sie das Pferd am Fahrerhäuschen Leckerli schnorren.

Jetzt steht auch regelmäßiges Verladetraining auf dem Programm. Auch wenn Sie Ihr Pferd reiten und nicht spazierenfahren wollen: Im Notfall ist es zu spät zum Üben. Hat

Transport-Unternehmen: Üben Sie das Verladen, bevor der Ernstfall eintritt.

sich das Roß verletzt und muß schleunigst in die Klinik, kann die Weigerung, den Transporter zu betreten, sein Leben kosten.

VIEL LOB, WENIG TADEL

Wenn Ihr Roß vertrauensvoll unter flatternden Planen hindurch und über polternde Holzbohlen marschiert, ist es reif für den Hänger. Wenn Sie keinen haben, leihen Sie sich einen. Engagieren Sie noch ein bis zwei sachkundige Helfer, um dem Pferd klarzumachen, daß die dunkle Kiste nicht der Vorhof der Hölle ist. Ein paar Leckerli zur richtigen Zeit wirken Wunder, und der Aufwand lohnt sich in jedem Fall. Wenn Sie ihn nicht betreiben, werden Sie sich früher oder später verfluchen.

Für das gesamte Nerventraining gilt: Lassen Sie's nie so weit kommen, daß Ihr Pferd kurz vor dem Ausrasten steht. Bei einem zitternden Nervenbündel ist das Gehirn blockiert, Lernen ist nicht mehr drin.

Lassen Sie die Sache behutsam angehen, und machen Sie Ihrem Vierbeiner klar, daß ihm nichts passiert – außer daß er mit Leckerbissen vollgestopft wird. Beim Nerventraining gilt, was für alle Bereiche der Pferdeausbildung Gesetz ist: Verteilen Sie ausgiebig Lob für jede Kleinigkeit, die Ihr Roß richtig macht, und ignorieren Sie Fehler, oder sagen Sie allenfalls energisch: „Nein!" Strafen Sie Ihr Pferd nur dann,

Unerschrocken: Ihr angehender Wanderreitkumpel sollte sich von Plastikplanen und Regenschirmen nicht aus der Ruhe bringen lassen.

LERNEN GEHT DURCH DEN MAGEN

Viele Ausbilder lehnen es strikt ab, zur Belohnung Futter zu verabreichen – so erziehe man sein Pferd nur zum Betteln und Kneifen. Unsinn: Ihr Pferd wird garantiert nicht zum Rüpel, wenn es weiß, daß es Leckerbissen nur für gute Leistungen kriegt. Im Gegenteil, ein Häppchen zwischendurch motiviert ungemein. Machen Sie Ihrem Vierbeiner aber unmißverständlich klar, daß Sie allein bestimmen, wann's was gibt. Ihr Roß muß also auch damit leben können, zur Abwechslung mal nur ein verbales Lob zu bekommen.

wenn Sie absolut sicher sind, daß es sich aus bloßer Unverschämtheit widersetzt und nicht aus Unsicherheit. Wenn Sie mal hart zufassen müssen, tun Sie es sachlich, innerlich gelassen und so, daß Ihr Pferd versteht, warum. Sobald Sie merken, daß Sie selbst unbeherrscht und zornig werden, sollten Sie den Vierbeiner ganz schnell wegstellen und sich an einem Punchingball abreagieren.
Pferde verstehen Strafe nur dann, wenn sie absolut gerecht, beherrscht, dosiert und fair erfolgt. Wutanfälle dagegen begreift kein Tier.
Die Früchte des Trainings reifen schnell: Bald haben Sie einen vierbeinigen Kumpel, der weder Tod noch Teufel fürchtet und hoffentlich auch nicht ausrastet, wenn Sie auf seinem Rücken den Regenponcho anziehen.

RAUS INS GELÄNDE!

Jetzt kann beim Ausritt eigentlich nicht mehr viel passieren. Reiten Sie immer wieder an heikle Stellen – zur Schnellstraße, zur Autobahnbrücke oder zur Bahntrasse. Wenn Sie sich nicht ganz sicher sind, daß Ihr Roß die Ruhe bewahrt: Steigen Sie ab und lassen Sie das Pferd an der Hand die vermeintlichen Ungeheuer bestaunen. Lassen Sie sich nie auf Risiken ein, wenn Sie nicht sicher wissen, daß Sie die Situation im Griff behalten. Sie wollen schließlich Ihr Roß abhärten, nicht Selbstmord begehen.
Lassen Sie keine Gelegenheit ungenutzt, die Trittsicherheit Ihres Vierbeiners zu schulen. Unterwegs werden Sie auch

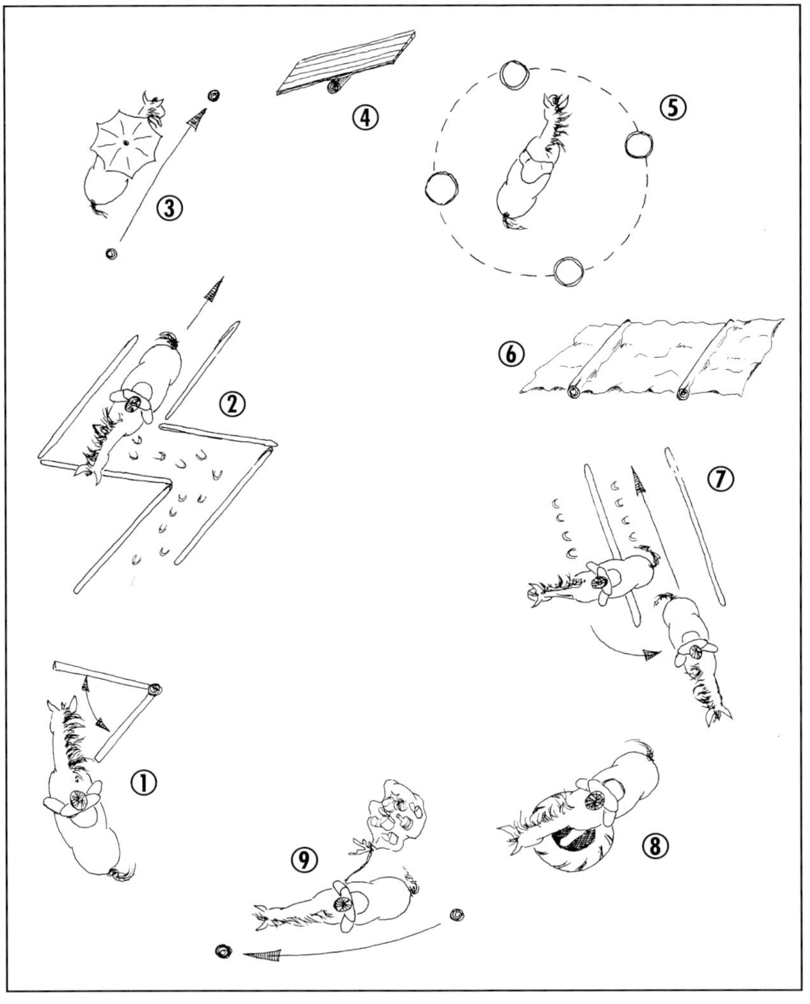

Kleiner Übungsparcours

Mit einem Geschicklichkeitsparcours können Sie die Nervenstärke und den Gehorsam Ihres Vierbeiners testen – auch im Wettbewerb mit anderen Reitern. Hier ist ein Vorschlag für einen solchen Parcours.

1 *Ein Tor wird vom Pferd aus geöffnet, durchritten und wieder geschlossen, ohne daß der Reiter dabei die Hand vom Tor nimmt.*

2 *Eine Z-förmige Stangengasse wird rückwärts durchritten.*

3 *Der Reiter nimmt einen Regenschirm von einer Tonne, spannt ihn auf, reitet damit zur nächsten Tonne und legt den Schirm dort wieder ab.*

4 *Das Pferd muß eine Wippe aus stabilen Holzbohlen überqueren.*

5 *Das Roß wird in einem Kreis aus Sägemehl „geparkt" und muß dort so lange stillstehen, bis der Reiter 50 bis 100 Wäscheklammern in den Eimern nach Farben sortiert hat.*

6 *Das Pferd soll im ruhigen Schritt eine am Boden liegende Plane überqueren.*

7 *Das Roß soll seitwärts über eine Stange der Gasse treten, am Ende eine 90-Grad-Hinterhandwendung machen und rückwärts durch die Gasse gehen.*

8 *Das Pferd tritt mit den Vorderbeinen in einen Traktorreifen und macht eine Vorhandwendung. Variante für Könner: statt dessen eine Hinterhandwendung.*

9 *Der Reiter schleift einen mit Dosen gefüllten „Klappersack" von einer Tonne zur nächsten.*

auf Wegen reiten müssen, die dafür eigentlich nicht geschaffen sind. Natürlich müssen Sie Ihrem Vierbeiner nicht beibringen, 40 steile Treppenstufen zu überwinden, aber vier bis acht Stufen sollte er schon klettern oder springen können, wenn Sie sich und dem Pferd kilometerlange Umwege ersparen wollen. Bei so diffizilen Aktionen müssen Sie ja nicht auf dem Rücken Ihres Vierbeiners sitzen bleiben. Wann immer der Weg sehr schwierig wird, erleichtern Sie dem Roß die Arbeit, wenn Sie absitzen.

Vorsicht allerdings, wenn Sie vorausgehen: So mancher Vierbeiner tritt gern in die Fußstapfen seines Zweibeiners, wenn's etwa darum geht, einen Graben zu überspringen. Klar, denn wo der Mensch steht, ist der Boden offensichtlich fest und sicher. Dumm nur, wenn Sie sich nicht rechtzeitig aus der Schußlinie bringen ... Bleiben Sie bei solchen Aktionen deshalb neben dem Pferd, oder bringen Sie ordentlich Abstand zwischen sich und Ihr Roß, indem Sie den Zügel an einer Seite aushängen.

Wenn Sie jemanden kennen, der ein abgebrühtes Geländepferd besitzt, nutzen Sie diesen Umstand schamlos aus. Nichts bringt aufgeregte Rösser so schnell zur Ruhe wie ein Artgenosse, der unbeeindruckt seiner Wege stapft.

Ein solches Zugpferd können Sie auch brauchen, wenn Sie Ihren Youngster in die höhere Schule des Geländereitens schicken. Der Lehrling wird sich viel eher in den gefährlichen Bach wagen, wenn er feststellt, daß sein Artgenosse wider Erwarten nicht darin ertrinkt.

EIN BISSCHEN AUSGLEICHSSPORT ...

Bei all den Spielereien am Boden und beim Nerventraining im Busch soll aber auch die „richtige" Arbeit nicht zu kurz kommen. Klar, Sie wollen wanderreiten, um dem Mief der Reithalle zu entfliehen – aber zuvor muß Ihr Roß lernen, Sie zu tragen, ohne auf Dauer Schaden zu nehmen. Und das geht nun mal nur mit einer dressurmäßigen Grundausbildung. Ein Pferd ist einfach viel rittiger und angenehmer, wenn es Schenkelweichen nicht für ein exotisches Fleischgericht hält. Und außerdem: Ein bißchen Gymnastik hat noch niemandem geschadet. Schließlich käme auch kein Marathonläufer auf die Idee, sich nur durch stures Kilometerfressen zu trainieren.

Gehen Sie also regelmäßig ins Dressurviereck. Sie erinnern sich: Das perfekte Wanderreitpferd läßt sich mit feinsten Hilfen vorwärts, seitwärts und rückwärts lenken. Das Roß soll zum Allroundtalent werden, das punktgenau und sensibel reagiert, das auch mal einen Baumstamm überspringt, statt dran vorbeizulaufen, und das sich vom Boden aus genauso angenehm dirigieren läßt wie unterm Sattel. Schließlich wollten Sie Ihr Pferd ja zu einem Gentleman erziehen ...

Sesam öffne dich: Tore jeder Art sollten Sie problemlos vom Sattel aus öffnen und schließen können.

DRESSUR – MUSS DAS SEIN?

Gehören Sie auch zu den Menschen, bei denen das Wort Dressurreiten allergische Reaktionen hervorruft? Sehen Sie vor Ihrem inneren Auge eine stickige Reithalle und einen Reitlehrer, der in einem früheren Leben wahrscheinlich Blockwart war? Wollen Sie mit Ihrem Pferd einfach nur durchs Gelände bummeln?

Dann hören Sie jetzt bitte trotzdem nicht gleich auf zu lesen. Sondern ersetzen Sie den ungeliebten Begriff Dressur einfach durch „gymnastizierendes Reiten". Klingt doch schon viel sympathischer ...

Dummerweise wurden die Pferde nicht dafür geboren, Reiter zu schleppen. Von Natur aus tragen sie etwa 60 Prozent ihres Gewichts auf der Vorhand, und jetzt kommt auch noch der Mensch vorne drauf. Kein Wunder, daß die meisten Rösser wegen verschlissener Vorderbeine reituntauglich werden. Dazu kommen Rückenprobleme. Verschleißerscheinungen an den Hinterbeinen sind dagegen eher selten – wobei Spat allerdings die klassische Erkrankung überforderter Dressurcracks ist.

Hier liegt der ganze Sinn des Dressur- oder gymnastizierenden Reitens: Das Pferd lernt, mehr Gewicht mit der Hinterhand zu tragen. Aus dem weggedrückten Rücken („Hängebrücke") wird ein elastisch aufgewölbter Rücken („Bogenbrücke"). Das heißt: Die trainierbare Muskulatur und die unermüdlichen Bänder nehmen dem nur sehr bedingt trainierbaren Knochengerüst des Pferdes Arbeit ab. Für einen Vierbeiner, der Sie über viele Jahre hinweg auf langen Strecken tragen soll, ist das mindestens genauso wichtig wie für jedes andere Roß – jedenfalls, wenn Sie lange Freude an Ihrem Kumpel haben wollen.

Wie wichtig eine dressurmäßige Grundausbildung ist, haben inzwischen viele Freizeitreiter erkannt – und auch ihre Ausbilder. Sie haben also gute Chancen, abseits der „normalen" Reitställe einen Reitlehrer zu finden, der Sie nicht wie einen unfähigen Rekruten behandelt. Und der auch keinen Nervenzusammenbruch erleidet, weil Sie nun mal „nur" ein Pony mit Paßveranlagung besitzen.

Zumindest ein paar Seitengänge – allen voran das Schulterherein – sollten Sie und Ihr Pferd lernen (läßt sich übrigens auch prima im Gelände üben). Wenn Sie Spaß an der Sache finden, um so besser. Nach oben sind keine Grenzen gesetzt, und jeder Ausgleich zum Geradeaus-

durch-die-Pampa-Reiten wird Ihrem Marathonläufer nur guttun. Allzu einseitige Belastung richtet auf Dauer jeden Sportler zugrunde – ob's nun ein Zwei- oder Vierbeiner ist.
Ganz abgesehen davon: Ein sinnvoll dressurmäßig gearbeitetes Pferd wird beweglicher, rittiger, feiner, elastischer, geschmeidiger, kooperativer – kurz: Der Wanderkumpel nähert sich im Mitteltrab dem Ideal des Traumpferdes.

Gymnastikunterricht: Jedes Freizeitpferd braucht eine dressurmäßige Basisausbildung – Barbara Heilmeyer und ihre Norwegerstute Thirza haben die Grundschule längst hinter sich.

AB INS FITNESS-STUDIO!

Wie man sein Pferd zum Marathon Man macht und warum sich Crashkurse in Sachen Konditionsaufbau selten bewähren.

Eigentlich hatten wir unsere Pferde für bestens trainiert gehalten. Stundenlang konnten sie die Wiesenwege im heimischen Gelände entlangtraben, ohne in Schweiß auszubrechen oder in Atemnot zu geraten. Doch dann kam der Odenwald, und vor dem dritten Berg wurden wir Opfer einer Meuterei. Besäßen unsere Ponys Finger, sie hätten sich an die Stirnen getippt: „Wir? Da hoch? Nein!" Die nächsten beiden Tagesetappen wurden also drastisch verkürzt, um den von Muskelkater geplagten Flachland-Flitzern aus der Rheinebene erst mal weitere ungewohnte Anstrengungen zu ersparen ...

Kein Leistungssportler käme auch nur im Traum auf den Gedanken, völlig untrainiert in einen Wettkampf zu gehen. Oder Sprints zu üben, um dann einen Langstreckenlauf zu absolvieren. Um so überraschender, daß viele Reiter glauben, Pferde seien in dieser Hinsicht irgendwie anders gestrickt.

Vierbeiner, die ohne jede Vorbereitung auf einen Wanderritt gehen sollen, hätten allen Grund zum Protest. Die meisten beißen statt dessen tapfer die Zähne zusammen und schleppen wacker nebst Reiter und Gepäck auch noch ihren Grasbauch durch die Walachei. Was der stolze Pferdebesitzer prompt als Beweis dafür nimmt, daß sein Roß durchs faule Leben auf der Weide genug trainiert ist und, frisch von der Wiese weg, locker bis China marschieren könnte.

WENN PFERDE REDEN KÖNNTEN ...

Tatsächlich funktioniert es auf den ersten Blick überraschend gut, mit einem völlig untrainierten Pferd auf große Tour zu gehen. Und zwar deshalb, weil die Rösser nicht reden können. Andernfalls würde der Reiter wahrscheinlich nach einem halben Tag entnervt abbrechen, weil sein Tragtier ständig nörgeln würde: „Wann sind wir endlich da – ich hab' keine Lust mehr – ich hab' Hunger – mir tut der Rücken weh – ich hab' Muskelkater ..."

Das Dumme an einer solchen Überlastung ist, daß sie sich oft erst nach Jahren wirklich rächt. Und wenn's soweit ist, kommt der unbekümmerte Wanderreiter natürlich nicht mehr auf die Idee, daß der chronische Sehnenschaden seines zwölfjährigen Rosses irgendwas mit der Vogesentour vor fünf Jahren zu tun haben könnte.

Ähnliche Folgeschäden können auftreten, wenn das Training im Schnellverfahren absolviert wurde: Muskeln lassen sich recht fix modellieren. Aber das hilft auf Dauer nicht viel, wenn die Knochen und Sehnen nicht mithalten konnten ...

Sicher sehen Sie Ihr Pferd nicht als Wegwerfartikel an. Wahrscheinlich haben Sie nichts dagegen, noch die nächsten 20 Jahre mit einem gesunden Vierbeiner zu verbringen. Wenn Sie das wirklich wollen, kommen Sie nicht drum herum, Ihren Kumpel systematisch fit zu machen, bevor Sie mit ihm die Welt entdecken.

Nur wie? Da sind die Experten geteilter Meinung. Die einen bemühen die Heeresdienstvorschrift (HDV) der deutschen Kavallerie aus dem Jahr 1937, um daraus das Übungsprogramm abzuschreiben. Die anderen orientieren sich an den Modellen amerikanischer Distanzreiter. Weitere Koryphäen liefern selbstgestrickte Trainingsprogramme. All diesen Anweisungen ist eines gemeinsam: Sie sind für Otto Normalreiter schlicht nicht umsetzbar.

Oder haben Sie Zeit und Lust, über Monate hinweg täglich drei bis fünf Stunden lang Schritt, 18 Minuten Trab und dreimal 1.500 Meter Galopp zu reiten – mit vollem Marschgepäck, versteht sich?

Wenn Sie solcherlei militärischem Drill nichts abgewinnen können, befinden Sie sich in guter Gesellschaft: Kaum ein Wanderreiter trainiert tatsächlich mit Kilometerrädchen und Stoppuhr, und die Pferde werden trotzdem fit.

INDIVIDUELLES TRAINING

Besonders sinnvoll ist es ohnehin nicht, sämtliche Rösser und Reiter in ein Schema zu zwängen. Zu unterschiedlich sind die Voraussetzungen. Das Patentrezept nach dem Motto „Zehn Minuten Schritt, zehn Minuten Trab, fünf Mi-

Langer Atem: Bergauf-Galopps sind nur was für gut trainierte Pferde.

nuten Galopp" kann es nicht geben. Denn schließlich hat der Autor eines schematischen Trainingsprogramms keine Ahnung, wofür Sie überhaupt trainieren: für einen gemütlichen mehrtägigen Spaziergang durch die brettebene Lüneburger Heide oder für strammes Kilometerfressen im Schwarzwald? Er hat auch keine Ahnung, welches Pferd Sie auf Trab bringen wollen: den muskelbepackten Dauerläufer, der ohnehin seine zwei Stunden am Tag geritten wird, oder den rundlichen Pummel, der sich

normalerweise die Beine in einen immer dicker werdenden Bauch steht?
Es hilft also alles nichts – Sie müssen sich selbst ein Trainingsprogramm zusammenbasteln. Und zwar eines, das Sie zeitlich in den Griff bekommen. Überlegen Sie sich gleich am Anfang, ob Sie Muße genug haben, Ihr Pferd für den alpinen Gewaltmarsch fit zu machen. Wenn nicht, planen Sie als Urlaubstour lieber was Gemütlicheres – zum Beispiel 25-Kilometer-Tagesetappen im flachen Norddeutschland. Doch selbst das wird zuviel für Ihr Roß, wenn es nicht über eine gewisse Grundkondition verfügt. Falls Sie normalerweise nur alle paar Wochen mal in den Sattel steigen, lassen Sie die große Tour lieber sein. Oder unternehmen Sie den Urlaubsritt mit einem fitten Leihpferd. Ihr eigener Vierbeiner wird es Ihnen danken.

CHECKEN SIE SICH!

Bevor Sie die Tour planen und mit dem Fitneßprogramm beginnen, ist also eine selbstkritische Bestandsaufnahme fällig.

FAST FOOD

Auf die Fütterung des Wanderreitpferdes wird in diesem Buch nicht detailliert eingegangen. Der Grund: Es gibt kein Pauschalrezept, das den unterschiedlichen Pferdetypen und Ritt-Anforderungen gerecht werden würde. Allgemein gilt: Fast jedes Pferd braucht auf einem Wanderritt Kraftfutter – auch wenn es zu Hause Diät halten muß. Schließlich muß das Roß unterwegs deutlich mehr leisten und hat viel weniger Zeit zum Grasen.
Eine plötzliche Umstellung oder Steigerung der Kraftfutterration kann den Magen des Pferdes zum Rebellieren bringen. Steigern Sie deshalb die Energiefuttermenge schon während des Trainings kontinuierlich, und reduzieren Sie gleichzeitig die Weidezeit. Testen Sie vorsichtig, wie Ihr Vierbeiner auf unbekannte Kraftfuttersorten reagiert. An Hafer und Pellets sollte das Roß auf jeden Fall gewöhnt sein, denn diese Futtersorten wird es unterwegs meist serviert bekommen.

Kletterpartie: Steilhang-Kraxeln kräftigt die Hinterhand, Bergabklettern schult die Balance.

Erstens: Wieviel Zeit können Sie in den Monaten vor dem Wanderritt investieren, um Ihrem Roß Beine zu machen? Eine Stunde täglich? Oder können Sie sich aufraffen, morgens vor der Arbeit schon mal eine Runde zu reiten und abends noch mal? Haben Sie ein paar freie Wochenenden übrig, um Test-Touren über ein bis zwei Tage zu unternehmen? Gibt es vielleicht eine Reitbeteiligung, die Sie mit einspannen können, um Ihrem Vierbeiner Muckis anzutrainieren?

Zweitens: Wie sieht das Gelände rund um Ihren Heimatstall aus? Bietet es alle Voraussetzungen fürs große Aufbautraining – sanfte und steile Steigungen, harte wie weiche Böden? Wenn in Ihrer Region ein 150 Meter hoher Hügel schon als Berg bezeichnet wird, können Sie dort natürlich trainieren, aber nicht unbedingt für eine Gebirgstour.

Drittens: Wieviel Arbeit müssen Sie investieren, damit Ihr Roß eine halbwegs athletische Figur bekommt? Tut Ihr Pferd von Haus aus keinen Schritt zuviel, oder ist es eher von der agileren Sorte? Mal ehrlich: Finden Sie überhaupt Muskeln, oder besteht der Vierbeiner überwiegend aus Fettgewebe? Läßt sich das Tier von Natur aus schnell in Form bringen, oder dauert es Wochen, bis es mal drei Gramm Speck verliert?

Von all diesen Faktoren hängt es ab, welche Art von Wanderritt Sie Ihrem Roß und sich selbst überhaupt zumuten können. Trainieren Sie also nicht krampfhaft auf ein bestimmtes Ziel hin, sondern basteln Sie sich lieber einen maßgeschneiderten Ritt zurecht, den Sie und Ihr Vierbeiner problemlos bewältigen können.

Wenn Sie über Monate hinweg gut eine Stunde am Tag ins Training investieren und an den Wochenenden längere Touren unternehmen, bekommt Ihr Pferd genug Kondition für einen Wanderritt mit 25-Kilometer-Etappen in steigungsarmem Gelände. Wer in einer bergigen Gegend zwei bis drei Stunden täglich trainiert, am besten verteilt auf zwei Arbeitseinsätze am Tag, kann sich dagegen einen richtigen Langstreckenläufer heranziehen. So trainierte Rösser schaffen im Mittelgebirge locker 40 bis 50 Kilometer am Tag, in der Lüneburger Heide können es auch mal 70 Kilometer werden. Spaß machen sowohl Bummelritte als auch Extremtouren – vorausgesetzt, Pferd und Reiter sind darauf eingestellt.

SCHWEISS IST NICHT GLEICH SCHWEISS

Wo schwitzt Ihr Roß nach einem anstrengenden Trainingsritt? Wenn es vor allem an Hals und Brust feucht ist, bedeutet das: Die Vorhand arbeitet entschieden mehr als die Hinterhand. Ist das Roß im Hinterhandbereich genauso feucht oder feuchter, können Sie sich freuen: Dann setzt es seine Hinterhand gut ein.

IMMER MIT DER RUHE

Lassen Sie das Training langsam angehen, steigern Sie die täglichen Anforderungen ganz gemächlich. Dabei ist es wichtig, daß Sie Ihr Roß genau beobachten. Manche Vierbeiner würden laufen, bis sie umfallen, ohne jemals zuzugeben, daß sie müde sind. Andere behaupten bereits nach 200 Metern Trab, sie seien am Ende ihrer Kräfte, obwohl ihre Reserven noch längst nicht ausgeschöpft sind. Die einen muß der Reiter bremsen, die anderen ermuntern und motivieren.

Verläßlichere Auskünfte über die Kondition Ihres Vierbeiners gibt sein Körper. Wichtiges Indiz: die Puls- und Atemwerte. Machen Sie es sich zur Gewohnheit, beide regelmäßig zu kontrollieren. Den Puls können Sie an der Innenseite des Röhrbeins oder an der Unterseite der Schweifrübe ertasten, oder Sie investieren ein bißchen Geld in ein Stethoskop, allzu teuer sind die Dinger nicht. Den Atem sehen und spüren Sie an den Flanken oder an den Nüstern.

Zählen Sie 15 Sekunden lang mit und nehmen Sie das Ergebnis mal vier, dann haben Sie den Minutenwert. Der kann nach einem langen Galopp deutlich über 100 liegen. Das ist noch kein Grund zur Panik – Hauptsache, der werdende Athlet erholt sich rasch. Nach zehn Minuten Pause im Stand oder im entspannten Schritt sollten Sie nicht mehr als 70 Atemzüge und Pulsschläge pro Minute zählen können, sonst war's zuviel für den momentanen Fitneßzustand Ihres Vierbeiners. Vorsicht ist geboten, wenn die Atemfrequenz höher ist als die Pulsfrequenz. Bei nordischen Pferderassen ist das allerdings nicht so ungewöhnlich wie bei den hochblütigeren Südländern.

PULS – ATEM – TEMPERATUR

Acht bis 16 Atemzüge pro Minute, 28 bis 44 Pulsschläge und eine Körpertemperatur von 37,5 bis 38,5° Celsius – das sind die Ruhewerte eines gesunden, erwachsenen Pferdes. Da der Spielraum ziemlich groß ist, sollten Sie die individuellen Ruhewerte Ihres Vierbeiners kennen. Messen Sie mal!

Kneipp-Kur: Wassertreten ist ein hervorragendes Muskeltraining.

Der Schritt ist bei einem Wanderritt die wichtigste Gangart und spielt auch im Training die größte Rolle. Achten Sie darauf, daß Ihr Vierbeiner fleißig, aber nicht hastig vorwärtsschreitet, ausbalanciert läuft und sich in guter Selbsthaltung trägt. Auch hier zahlt sich die dressurmäßige Arbeit aus: Ohne eine entsprechende Ausbildung latschen die meisten Rösser mit dem Kopf am Boden durch die Gegend und tragen viel zuviel Gewicht auf der Vorhand.

SCHRITT, TRAB, GALOPP ...

Reines Schritt-Training muß aber nicht sein – im Gegenteil: Die meisten Pferde langweilt es zu Tode. Bauen Sie von Anfang an Trab- und Galoppstrecken mit ein. Dabei gilt: Lange Passagen in gleichmäßigem Tempo ermüden die Rösser weniger und trainieren sie besser als ständige Tempowechsel.

Nutzen Sie die Geländebeschaffenheit, wo immer es geht. Lange, sanfte Steigungen bieten sich zum Hochtraben an – bestes Training für die Lungen. Kurze, steile Berge werden im Galopp genommen, lange Kletterpartien im Schritt. Steil bergab geht's ebenfalls im Schritt. Wenn es Ihnen angenehmer ist, führen Sie Ihr Pferd. Überhaupt sollten Sie immer mal wieder absteigen und nebenhergehen. Denn das werden Sie auch unterwegs tun, um Ihren Vierbeiner und sich selbst zu schonen. Ein bißchen Laufkondition kann Ihnen also nicht schaden, und Ihr Roß gewöhnt sich von Anfang an daran, ohne Mucken am lockeren Zügel neben Ihnen herzulaufen.

Sanft abfallende Wege bieten sich zum Traben an, das fördert Tempo und Schwung. Allerdings nur, wenn das Roß gelernt hat, „sich zu setzen“ – also die Hanken zu biegen und die Hinterhand unter den Körper zu schieben, um seine Vorderbeine zu entlasten. Stolpert der Vierbeiner dagegen kopfüber den Hang hinab, ständig seinem Gleichgewicht hinterherrennend, so hat die Übung wenig Sinn. Nachsitzen im Dressurviereck ist die einzige Abhilfe.

Natürlich ist weich federnder Wald- oder Wiesenboden das beste für Pferdebeine. Aber auf einem Wanderritt wird Ihnen auch anderes Geläuf begegnen. Darauf muß Ihr Reittier gefaßt sein. Weichen Sie also nicht jeder Schotterpiste und jedem Sumpfweg aus. Dosiertes Reiten auf hartem Untergrund stählt Hufe und Knochen, maßvolle Bewegung durch tiefen Boden kräftigt Sehnen und Muskeln. Wenn Sie die Gelegenheit haben, lassen Sie Ihr Roß auch ab und zu kneippen. Schon der Herr Pastor Kneipp, Erfinder dieser kalten Bäder, wußte, daß Wassertreten prima für die Fitneß ist. Sprunggelenks- bis brusthoch sollte das Wasser schon sein. Und wenn Sie einen See kennen, in dem Sie mit dem Vierbeiner schwimmen dürfen, ist das natürlich die Krönung.

Apropos Schwimmen: Die Fähigkeit dazu ist Pferden angeboren. Geschickte Tiere schaffen es sogar, dabei den Reiter auf dem Rücken mitzunehmen – aber angenehmer für das Pferd ist es mit Sicherheit, wenn Sie ihm den Buckel runterrutschen, in die Mähne greifen und sich vom paddelnden Vierbeiner ziehen lassen. Den Sattel lassen Sie bei solchen Aktionen besser am Ufer: Gutes Lederzeug hält ein Vollbad zwar aus, wird davon aber bestimmt nicht besser. Außerdem könnte ein rudernder Pferdehuf in den Steigbügel geraten. Für den Vierbeiner ist die Planscherei ein hervorragendes Muskeltraining, und die Knochen sind dabei komplett entlastet.

ANSPANNUNG UND ENTSPANNUNG

Distanzreiter, die ihre Pferde für Langstrecken-Höchstleistungen fit machen, schwören auf das Intervalltraining: Während der Trainingsstunde wird das Roß erst stark belastet, dann bis zur völligen Erholung im entspannten Schritt geritten und abermals hart rangenommen – das Ganze zwei- bis dreimal hintereinander. Keine schlechte Methode, aber risikoreich: Überprüfen Sie durch exakte Kontrolle der Erholungswerte von Puls und Atmung sehr genau, ob Sie Ihren Vierbeiner zwar fordern, aber nie überfordern. Und vergessen Sie nicht, daß Wanderreiten mit Distanzreiten nicht allzu-

Motivationsschub: Springgymnastik bringt Abwechslung ins Trainingsprogramm.

viel zu tun hat: Beim Langstreckenrennen soll der Vierbeiner alles geben, was er zu bieten hat, kann sich danach aber gründlich erholen. Das Wanderpferd dagegen muß, was Tempo und Strecke betrifft, nicht so viel Leistung bringen – dafür aber konstant über Tage und Wochen hinweg. Die Trainingsmethoden der einen Disziplin sind also nur sehr bedingt auf die andere übertragbar.

Trotzdem ist es sinnvoll, den Distanzlern beim Training

über die Schulter zu gucken: Die Erfolgreichen trainieren ihre Rösser nicht durch schieres Kilometerschinden, sondern bieten ihnen ein abwechslungsreiches Programm. Übungen im Dressurviereck, Longieren und Springgymnastik sorgen dafür, daß sich die Muskalatur nicht einseitig entwickelt und dadurch verhärtet. Außerdem beugt diese Abwechslung der Langeweile vor, die sich besonders bei intelligenten Pferden schnell einschleicht, wenn's immer nur geradeaus durchs Gelände geht.
Wenn Sie es nicht so weit zum Stall haben und morgens den inneren Schweinehund überwinden können, sollten Sie vor der Arbeit eine Dreiviertelstunde mit Ihrem Roß auf den Reitplatz gehen, um es an der Longe laufen zu lassen, es zu gymnastizieren und es über Hindernisse und Bodenstangen zu schicken. Abends geht's dann zum Ausdauertraining in den Busch – vielseitiger läßt sich das Training kaum gestalten. Und als angenehme Begleiterscheinung lernen Roß und Reiter dabei noch eine ganze Menge.

DAS PFERD BESTIMMT DAS TRAININGSTEMPO

Das Wichtigste am Training ist natürlich das genaue Hinhorchen. Sie werden schon merken, ob Ihr vierbeiniger Athlet den Trabweg, bei dem er früher immer auf halber Strecke schlappgemacht hat, locker bis oben packt. Ob er von sich aus anbietet, diesen Steilhang doch im Galopp zu nehmen. Ob er nach zwei Stunden Reiten frisch und vergnügt aussieht, als sei er gerade von der Weide gekommen. Ob er weniger schwitzt, weniger pumpt, schlanker und muskulöser wirkt als am Anfang.

Verlangen Sie an jedem Tag nur ein wenig mehr als am Tag zuvor, erlauben Sie sich und Ihrem Pferd auch mal, eine Zeitlang auf der Stelle zu treten oder einen Schritt zurückzugehen, wenn's mit dem Konditionsaufbau nicht so richtig klappt. Sie wollen schließlich kein Rennen gewinnen, sondern einen gemütlichen Urlaubsritt unternehmen, der Ihnen und Ihrem Vierbeiner Spaß machen soll.

MOTIVATION IST ALLES

Schließlich ist es am wichtigsten, daß Ihr Pferd im Training bei Laune bleibt.

Selbst wenn es körperlich gut mitkommt: Es könnte die Lust verlieren und eines schönen Tages die innere Kündigung einreichen. Das passiert dann, wenn das Konditionsprogramm den Vierbeiner ständig überfordert – oder wenn es zur stumpfsinnigen Routine geworden ist.

Wird der Vierbeiner ohne ersichtlichen Grund immer widerborstiger, sollten Sie dringend für mehr Abwechslung sorgen – vielleicht durch ein bißchen spielerische Bodenarbeit auf dem Platz oder durch ein paar kurze, knackige Ausritte mit anderen Rössern.

Konsequente Arbeit mit Pferden ist gut und richtig, aber das verbissene Abspulen eines bestimmten Programms tötet jede Freude daran. Das ist das Dumme an der Sache: Je mehr man mit seinem Roß unternimmt, desto mehr fordert es auch von „seinem" Menschen ...

WELCHE REITWEISE HÄTTEN S' DENN GERN?

Wenn es um die „richtige" Reitweise für Wanderreiter geht, werden Fachleute und solche, die sich dafür halten, zu Hyänen. Der erste hält den Westernstil für das einzig Wahre, der zweite schwört auf die Methode der französischen Gardians, der dritte will mit seinem Pferd durch die Weltgeschichte tanzen, und der vierte setzt auf Stil und Ausrüstung der guten alten Militärreiter.

Sollen sich die Experten doch die Köpfe einschlagen – im Grunde ergeben sich, wenn's um die Ausführung geht, kaum Unterschiede.

Welche Reitweise Sie bevorzugen, ist ziemlich schnuppe. Hauptsache, der Stil versetzt Ihr Pferd in die Lage, sich auch am lockeren Zügel gut selbst zu tragen, ohne großes Herumgeeiere zügig voranzumarschieren und sich ohne dauernde Reiterhilfen selbständig seinen Weg zu suchen. Ob Sie die Zügel dabei einhändig führen oder mit beiden Händen, ob Sie leichttraben, aussitzen oder im leichten Sitz reiten, ob Sie wie manche Westernreiter langsamen Trab *(Jog)* und ruhigen Galopp *(Lope)* bevorzugen oder sich lieber im flotten Schritt und zügigen Trab fortbewegen – das alles ist nur eine Frage des persönlichen Geschmacks.

Trense, Westernstange, Pelham oder Bosal – verwenden Sie einfach die Zäumung, mit der Sie und Ihr Vierbeiner gut klarkommen. Den Sätteln der verschiedensten Arbeitsreitweisen ist eines gemeinsam: die große Auflagefläche. Damit sind sie alle einigermaßen gut fürs Wanderreiten geeignet.

Auf einem Wanderritt wird sich zwangsläufig eine Signalreitweise entwickeln. Auch der letzte Sturkopf, ob zwei- oder vierbeinig, merkt sehr schnell, daß es nur unnötig Kraft kostet, ein ständiges „An-den-Hilfen-Stehen" zu verlangen. Sie müssen also bestimmt keinen besonderen Wanderreitstil lernen. Jedes seriös ausgebildete Pferd wird sehr schnell verstehen, wann es gilt, auf Signale zu achten. Und schon haben sich alle Glaubenskriege um die richtige Reitweise in Schall und Rauch aufgelöst ...

DIE LIEBEN REIT-GENOSSEN

Warum
Wanderritte bestens
geeignet sind, Freunde
zu Feinden zu machen
und weswegen man nur
mit Leuten auf Tour
gehen sollte, die man
sehr gut kennt und sehr
gern mag – oder mit
solchen, auf deren
Freundschaft man
künftig notfalls
verzichten kann.

Also, ich reite jetzt nicht mehr weiter." Das sitzt. Noch vor einer Stunde hat Manuela glaubhaft versichert, die letzten zwölf Kilometer nach Hause seien kein Problem. Dabei haben die netten Leute, die uns zum Mittagessen eingeladen hatten, noch angeboten, sie und ihr Pferd nach Hause zu fahren. Jetzt, vier Kilometer später, behauptet sie steif und fest, ihr dicker Haflinger stehe kurz vor dem Hitzschlag und könne keinen Schritt mehr laufen. Den Verdacht, daß eher sie es ist, die nicht mehr kann, weist sie empört zurück. Natürlich kann sie ihr Tier in diesem Zustand nicht allein lassen. So bleibt es an ihren Mitreitern hängen, einen Pferdetransporter samt Fahrer zu organisieren ...

Hartgesottene Wanderreiter gehen derartigen zwischenmenschlichen Katastrophen aus dem Weg, indem sie einfach allein mit ihrem Roß losreiten. Das hat was für sich. Aber: Wer nicht extrem eigenbrötlerisch veranlagt ist, hat an der bedingungslosen Eigenständigkeit keine große Freude. Pferde sind vielleicht gute Zuhörer, aber als Gesprächspartner nicht unbedingt zu gebrauchen. Dem Reiter bleibt also die Wahl, Monologe zu halten oder im eigenen Gedankensaft zu schmoren.

Nicht nur der Mensch findet, sein Pferd sei ein schlechter Ersatz für einen Zweibeiner – das Pferd sieht's umgekehrt genauso und zieht die Gesellschaft eines Vierbeiners in aller Regel vor. Kein Weg ist lang mit einem Freund an der Seite, heißt es so schön. Dabei spielt es offenbar eine wichtige Rolle, daß dieser Freund ebenso viele Beine hat wie man selbst.

EINSAM ODER GEMEINSAM?

Richtig unangenehm wird das Lonesome-Cowboy-Spiel, wenn irgendwas schiefgeht. Angenommen, Sie stürzen und bleiben fußlahm im Wald liegen – Pech gehabt. Denn wahrscheinlich heißt Ihr Vierbeiner nicht Fury und kommt folglich auch nicht auf den Gedanken, im nächsten Ort wiehernd und schnaubend Hilfe zu holen.

Sie tun also gut daran, sich einen oder mehrere Mit(st)reiter zu suchen. Doch auch dieses Unterfangen hat seine Tücken: Sie könnten Ihre Wahl hinterher bereuen.

Tagelang sind Sie einander auf Gedeih und Verderb ausgeliefert. Immerhin: Sie haben die Möglichkeit, Ihre Mitmenschen von ihren schlechtesten Seiten kennenzulernen. Ganz nebenbei erfahren Sie im Selbstversuch den tieferen Sinn des Begriffs „Gruppenkoller". Selbst Leute, die man gut zu kennen glaubt, sind auf einem Wanderritt für Überraschungen gut: Erschöpfung, Streß und die Andeutung eines Sonnenstichs können die verträglichsten Zeitgenossen zu außerordentlich unleidlichen Begleitern machen. Auf Sie selbst trifft das vermutlich auch zu.

In größeren Gruppen werden solche Aussetzer ganz gut abgefedert, aber vergessen Sie's: Als Massenveranstaltung ist ein Wanderritt kaum durchführbar. Je weniger Reiter und Pferde unterzubringen sind, um so einfacher wird es für die Gastgeber – und desto leichter wird die Quartiersuche. Optimal läuft's in der Regel, wenn zwei bis maximal vier Reiter gemeinsam unterwegs sind. Fast jeder Landwirt oder Pferdehalter findet ein Plätzchen für den kleinen Trupp. Ist die Gruppe größer, kommen Privatquartiere nicht mehr in Frage: Man muß Gasthöfe mit Koppeln oder Reiterpensionen suchen. Und die sind dünn gesät.

Wanderritte sind Härtetests für zwischenmenschliche Beziehungen jedweder Art, und deshalb hat die Auswahl der geeigneten Begleiter durchaus ein eigenes Kapitel verdient.

Denn wenn das Team nicht hundertprozentig zusammenpaßt, gehen einem schnell auch Kleinigkeiten auf die Nerven – zum Beispiel, daß die blöde Ute ihr Pferd immer ausgerechnet an dem Baum anbindet, an dem man gerade sein eigenes Tier vertäuen wollte. Oder daß Frank jeden Gastgeber mit Sonderwünschen nach Pfefferminztee – aber bitte nur von einer ganz bestimmten Marke, sonst lieber Fenchel – nervt, bis alle anderen das dringende Bedürfnis haben, sich für den Typen zu entschuldigen.

Doppelpack: Ein gut eingespieltes Zweierteam ist für viele Wanderreiter die optimale Besetzung.

LUXURIÖS ODER RUSTIKAL?

Überlegen Sie sich also vorher, ob Sie Ihre Weggefährten in spe wirklich Tag und Nacht ertragen können, ob Sie mit ihnen das Heulager teilen und gemeinsam durch den Dauerregen reiten möchten. Wenn Ihnen das endlose Geplapper von Wolfgang oder die Griesgrämigkeit von Isabell schon nach einer Stunde auf den Wecker geht, gibt's spätestens am dritten Reittag den großen Knall.

Ebenfalls wichtig: Haben alle Beteiligten etwa gleiche Ansprüche an das Mindestmaß Luxus, das auf dem Wanderritt gewährleistet sein soll? Oder besteht der eine auf einem Federbett in der Pension, während der zweite einen

Heuboden völlig in Ordnung und alles andere sowieso zu teuer findet? Sind sich alle einig, daß es kein schlechtes Wetter gibt, sondern nur ungeeignete Kleidung? Oder wird jemand nach drei Stunden Nieselwetter zum unausstehlichen Nörgler? Empfinden es irgendwelche Mitreiter als Tragödie, wenn mal zwei Mahlzeiten am Tag ausfallen, oder sind alle der Meinung, daß ein bißchen Hungern gut für die Figur ist?

Klären Sie solche Fragen unbedingt vorher – damit niemand behaupten kann, man habe ihn nicht gewarnt. Und damit alle, die's etwas komfortabler mögen, wissen, daß sie sich dann auch selbst um entsprechende Quartiere kümmern müssen. Luxuriöse Unterkünfte sind unterwegs nämlich verflixt schwer zu finden.

GRETCHENFRAGE FÜR POTENTIELLE MITREITER

Könnten Sie sich vorstellen, mit dem Menschen, mit dem Sie einen Wanderritt unternehmen wollen, auch ohne Pferde in den Urlaub zu fahren? Wenn nein, wird's garantiert auch während der Tour hoch zu Roß Knatsch geben.

Am meisten Spaß macht es, die Tour gemeinsam zu planen und zu organisieren, aber wie das so ist: In jeder Gruppe finden sich ein oder zwei Leute, die plötzlich mit der Hauptarbeit alleine dastehen (oder alles an sich gerissen haben). Wenn dann irgend etwas nicht den Vorstellungen der schweigenden Mitreiter entspricht, werden die „Macher" prompt dafür verantwortlich gemacht. Undank ist der Welten Lohn.

Lassen Sie's nicht soweit kommen: Entweder bereiten alle Reiter gemeinsam die Tour vor, und jeder hat seinen klar abgegrenzten Aufgabenbereich – oder einer übernimmt alles, darf dann aber niemals angenörgelt werden.

STREITFRAGEN

Man kann sich noch so gern mögen – wenn die Einstellungen zu den Pferden und zum Reiten nicht zusammenpassen, ist die Harmonie schnell dahin. Wer wegen jeder kleinen Schramme in der Haut seines vierbeinigen Zuckerpüppchens den Notarzt alarmiert, kann seine Mitreiter zur Weißglut bringen. Das andere Extrem ist der Kollege, der einen offenen Satteldruck für eine Lappalie hält und nicht einsieht, daß er deshalb den Ritt abbrechen sollte.

Manche Reiter weigern sich, eine drei Meter breite Brücke aus Holzbohlen zu überqueren – obwohl ihre Rösser gar keine Bedenken zeigen. Andere halten selbst den letzten morschen Fußgängersteg noch für passierbar. Die einen finden drei Kilometer Reitstrecke an der Bundesstraße entlang durchaus in Ordnung, andere nehmen lieber zehn Kilometer Umweg durchs Unterholz in Kauf. Ob ein Schotterweg nun als Galoppstrecke taugt oder eigentlich schon für Schritt zu hart ist – auch da scheiden sich die Geister. Klären Sie solche Punkte lieber vor der großen Reise bei vielen, vie-

Gut zu Fuß: Die Meinungen darüber, auf welchen Strecken geführt wird, gehen oft weit auseinander.

len gemeinsamen Test-Tagesritten. Sonst gibt's unterwegs garantiert Ärger.
Generell gilt die goldene Regel: Wer die Landkarte in Händen hält, hat das Sagen. Der Pfadfinder ist über jede Kritik erhaben und darf auch bei grobem Verreiten nicht angemault werden. Wenn einer in der Gruppe meint, er könne es besser, muß er sofort die Karte übernehmen.
Bei den Probetouren werden Sie auch feststellen, ob Reittempo und Reitstil zusammenpassen. Nichts ist nervtötender als zwei Pferde mit völlig unterschiedlicher Schrittgeschwindigkeit. Entweder hängt der eine Reiter seinem Vierbeiner ständig in den Zügeln, oder der andere muß dauernd auftraben. Oder man kann sich nur brüllend verständigen, weil stets eine 100-Meter-Distanz zwischen beiden Pferden liegt. Dabei spielt die Größe der Rösser übrigens keine Rolle: Viele Kleinpferde hängen die Großen im Schritt locker ab. Üben Sie rechtzeitig, zu zweit nebeneinander zu reiten, und testen Sie aus, welche Pferde besser vorne und welche besser hinten laufen.

KNIGGE IN DER GRUPPE

Wichtig ist es auch, daß alle Reiter genügend Abstand zum Vordermann halten können – so, daß man zwischen den Ohren des eigenen Reittieres hindurch die Hinterhufe des Pferdes vor einem sieht. Rösser, die ständig die Nase an der Schweifrübe eines anderen Tieres haben, leben gefährlich: Erstens sehen sie den Boden unter ihren Füßen nicht mehr, zweitens könnten sie Bekanntschaft mit den Hufen des vierbeinigen Vordermanns machen, und drittens treten sie ihm leicht ein Eisen ab.
Zivilisiertes Reiten in einer Gruppe läßt sich lernen, und auch sehr unterschiedliche Pferde stellen sich über kurz oder lang im Tempo aufeinander ein – vorausgesetzt, der Reiter tut das Seine dazu, was zumindest am Anfang ziemlich nervtötend ist.
Letztendlich hat die Sache aber nur Vorteile: Die vierbeinigen Trödler werden etwas flotter, die Raser kommen zur Ruhe.
Nicht lösbar sind dagegen in der Regel Aspekte, die mit dem Reitstil zusammenhän-

gen: Westernreiter etwa bevorzugen oft den *Jog*, einen extrem langsamen, schwunglos gelaufenen Trab. Pferde, die keine entsprechende Ausbildung haben, müssen ständig zwischen normalem Trab und Schritt wechseln, um das Tempo halten zu können. Prädikat: besonders lästig.

Über das Tempo sollten Sie sich rechtzeitig mit Ihren Mitreitern verständigen: Manche Wanderreiter legen die Distanz ausschließlich im Schritt zurück, andere bauen gerne lange Trabstrecken ein – was viele Pferde tatsächlich aufmuntert und den Reitern das ungute Gefühl nimmt, sie kämen überhaupt nicht vom Fleck. Ob man auf langen Touren galoppieren sollte, ist eine Glaubensfrage. Das Gepäck spricht eigentlich nicht dagegen, wenn es wirklich gut am Sattel vertäut ist. Aber die Gangart ist für die meisten Pferde ziemlich kräftezehrend.

Überhaupt sollte die Gruppe sich einig sein, daß immer der schwächste zwei- beziehungsweise vierbeinige Weggenosse das Tempo und den Schwierigkeitsgrad bestimmt. Problematisch wird es dann, wenn die Fähigkeiten der Reiter und/oder die Kondition der Vierbeiner innerhalb einer Gruppe allzu unterschiedlich sind: Vier fitte Reiter werden zu Recht sauer, wenn sie ständig auf das betuliche fünfte Rad am Wagen Rücksicht nehmen müssen. Deshalb sollten die untrainierten Bummler fair genug sein, die anderen vorzuwarnen: „Achtung, wir sind nicht von der schnellen Truppe. Wenn wir euch zu lahm sind, bleiben wir besser gleich zu Hause."

Wenn einer den Ritt abbrechen muß, sollte es selbstver-

FINGER WEG VON ANZEIGEN-BEKANNTSCHAFTEN!

„Suche nette/n Mitreiter/in für Wanderritt ..." – solche Anzeigen finden sich immer wieder in Fachzeitschriften. Brauchbare Begleiter findet man auf diesem Weg nur in den seltensten Fällen. Erstens ist es ein ziemliches Risiko, sich mit einem Wildfremden ins Abenteuer zu stürzen, und zweitens hat es vermutlich Gründe, daß dieser Mensch im eigenen Bekanntenkreis niemanden findet, der mit ihm reiten möchte ...

Gleichschritt: Die Pferde müssen von der Schrittgeschwindigkeit her zusammenpassen.

ständlich sein, daß er sich selbst um ein Pferde-Taxi nach Hause bemüht. Wer diese Aufgabe anderen in die Schuhe schiebt, braucht sich nicht zu wundern, wenn ihn irgendwann keiner mehr mitnehmen will.

KENNEN SICH DIE PFERDE?

Übrigens: Nicht nur die Reiter sollten sich vor der großen Reise gründlich kennenlernen, sondern auch die Pferde. In den meisten Quartieren kommt man nicht umhin, alle vierbeinigen Gruppenmitglieder zusammen auf die Wiese zu lassen. Schließlich ist es vom Gastgeber auch etwas viel verlangt, für jedes Pferd eine eigene Parzelle auf der Wiese abzutrennen.

Wenn die Rösser normalerweise nicht zusammenleben, sollten Sie ihnen schon ein paar Tage vor der Tour Gelegenheit geben, sich bei gemeinsamen Ausritten und über einen Zaun hinweg kennenzulernen. Auf einer großen Koppel können Sie die Verträglichen vielleicht auch schon zusammenlassen.

Nachteil: Ein Teil der Pferdegruppe befindet sich auf vertrautem Terrain und genießt folglich Heimvorteil. Deshalb ist es oft sinnvoller, einander unbekannte Rösser erst in der Fremde endgültig aufeinander loszulassen: Nach einem Tag gemeinsamen Laufens und auf neutralem Boden gibt es selten ernsthaft Ärger – vorausgesetzt, die Weide ist groß genug und alle haben ausreichend Platz, um einander auszuweichen. Gemeinsames Leid verbindet ...

Blessuren sind natürlich nie ganz auszuschließen, wenn fremde Pferde ihre Rangordnung klären. Es schadet nicht, wenn Sie ein Stück Elektrozaun-Litze in die Satteltasche packen, um den größten Unruhestifter notfalls von den anderen Pferden trennen zu können.

Im allgemeinen sind die Beziehungen unter den vierbeinigen Wanderern aber weit weniger krisenanfällig als die unter den Zweibeinern ...

DER IDEALE WANDERREITER: MÄDCHEN FÜR ALLES

Wanderreiter wird man nur durch Wanderreiten. Doch manchen hilft auch jahrelange Praxis nicht – sie sind einfach nicht für dieses Hobby geboren.

Sind Sie von Haus aus Generalist und verfügen in allen Bereichen der Pferdehaltung, Reiterei, Natur- und Sozialkunde über ein fundiertes Halbwissen? Dann bringen Sie schon ganz passable Voraussetzungen mit.

Idealerweise sind Sie nicht nur ein begnadeter Reiter, sondern auch Hufschmied, Tierarzt, Rettungssanitäter, Sattler, Pferdepfleger, Schneider, Tüftler, Landwirt, Pflanzenkundler, Meteorologe, Psychologe, Diplomat und ein echtes Improvisationstalent.

Mit alledem können Sie nicht dienen? Schade eigentlich – aber Hauptsache, die Bezeichnung „Improvisationstalent" trifft einigermaßen auf Sie zu, dann haben Sie schon die halbe Miete. Und wahrscheinlich sind Sie ein freundlicher Mensch, das bringt beinahe die andere Hälfte. Kaum jemand weigert sich, einem weitgereisten Reiter zu helfen – zumal, wenn dieser ausgesprochen nett wirkt.

Grundwissen für die große Tour kann man sich außerdem leicht aneignen: Bitten Sie Ihren Hufschmied um einen Crashkurs in Sachen Pannenhilfe. Wenn er ebenfalls ein netter Mensch ist, läßt er Sie auch mal selbst Hand anlegen (schließlich ist es Ihr Pferd).

Quetschen Sie Ihren Tierarzt über Erste Hilfe fürs Pferd aus, und machen Sie sich durch die Lektüre entsprechender Fachbücher schlau. Nehmen Sie sich mal ein Wochenende Zeit für einen Erste-Hilfe-Kurs für Menschen – auch dann, wenn Sie schon mal einen gemacht haben. Garantiert erinnern Sie sich nicht mehr richtig an alles. Üben Sie, Giftpflanzen zu erkennen, und basteln Sie unbefangen an Ihrem Sattelzeug herum.

Und vor allem: Verlassen Sie sich bloß nicht darauf, daß Ihre Mitreiter die Sache im Notfall schon im Griff haben werden. Wenn dann ausgerechnet der Experte für Unfallhilfe bewußtlos am Boden liegt, sind Sie nämlich aufgeschmissen.

WOHIN DES WEGS?

Nach welchen Kriterien man die Gegend aussucht, in der man reiten will, und wie man Tagesetappen festlegt und Quartiere findet.

Wißt ihr eigentlich, wo ihr hier seid?"
Wenn einem ein Wachmann mit Maschinengewehr im Anschlag diese Frage stellt, kann man nicht lügen. „Äh, ja – auf dem Truppenübungsplatz."
„Wißt ihr auch, daß ihr hier nichts verloren habt?"
Wissen wir nicht: Im letzten Quartier hatte man uns glaubhaft versichert, jeden ersten und dritten Sonntag im Monat dürfe man hier durchreiten.
„Wißt ihr auch, daß das 250 Mark Strafe pro Nase kostet? Äh – lassen wir das. Prima Pferdchen habt ihr da. Wo übernachtet ihr heute eigentlich?"
Verängstigtes Schulterzucken. Hoffentlich nicht im Bunker.
„Na, dann kommt zu mir nach Hause, ich hab' auch Pferde. Ich ruf' grad mal meine Frau an und sage ihr Bescheid ..."

Gastfreundschaft ist nicht gerade eine der Tugenden, die man den Menschen im deutschsprachigen Raum nachsagt. Daß die Leute besser sind als ihr Ruf, stellt man als Wanderreiter aber schnell fest – völlig egal, welche Gegend man durchstreift.
Wenn Sie keinen Pferdetransporter auftreiben können, wird Ihnen die diesbezügliche Entscheidung ohnehin leichtfallen: Sie werden sich die Region erreiten, die vor der Stalltür liegt. Nicht die schlechteste Wahl – was nützt es, die Sahara wie die eigene Westentasche zu kennen, wenn man sich 15 Kilometer vom heimatlichen Stall entfernt hoffnungslos verfranst?

REITEN – ABER WO?

Der Wanderritt vor der Haustür hat Vorteile: Falls wirklich mal was schiefgeht, sind Freunde, die einem aus der Patsche helfen können, nicht weit. Die ganze Planung ist viel leichter als in einem Gebiet, in dem man keine Menschenseele kennt. Sie ersparen sich und Ihrem Roß jede Menge Streß, wenn Sie es einfach im heimischen Stall bepacken und von dort aus losziehen.
Kommt gar nicht in die Tüte? Weil Ihr Stall nämlich inmitten einer Agrarwüste liegt, die sich nur als landschaftlicher Alptraum beschreiben läßt? Im Umkreis von 100 Kilometern gibt's lediglich Reit-

verbotsschilder, Autobahnkreuze, Fabriken und Hochspannungsleitungen, und außerdem hängt Ihnen die Gegend zum Hals raus? Dann suchen Sie Ihr Heil in der Flucht, packen Sie Ihr Roß in den Hänger und fahren mit ihm irgendwohin, wo die Welt noch in Ordnung ist.

Erstes Kriterium bei der Wahl der Region für den Urlaubsritt: Kommt das Pferd mit den dortigen Geländeschwierigkeiten zurecht? Sie wissen ja: In der Rheinebene trainieren und dann zur großen Alpentour starten, das kann nicht gutgehen ...

Zweite Frage: Sieht die Gegend nur in den Urlaubsprospekten schön aus, oder eignet sie sich auch für einen Wanderritt? Beispiel Nordseeküste: wunderbar flach und übersichtlich, und dann die Wellen und der Sand ... Aber leider gibt's in vielen Bereichen zwischen den Marschwiesen nur geteerte Wege. Die Stacheldrahtzäune wurden in der Bierwerbung geschickt wegretuschiert, sind aber real durchaus vorhanden. Und wer am Strand oder auf den Deichen reitet, hat prompt ein Heer erboster Ordnungshüter auf den Fersen. Vielleicht doch nicht die richtige Idylle für den Urlaubsritt ...

Ebenfalls ein Reinfall: das ach so romantische Rheintal. Wer am Fluß entlang die Loreley umrunden will, hat die Wahl: Er kann das schwimmend, auf der Bundesstraße oder auf der Intercity-Trasse tun. Einen reittauglichen Feldweg gibt's in der schmalen Schlucht jedenfalls fast nirgends.

In Ballungsräumen sind Reiter oft alles andere als willkommen, weil's einfach zu viele gibt. Wo Pferde ihre Hufe nur auf eigens ausgezeichnete Reitwege setzen dürfen, wo jeder Vierbeiner mit Kennzeichen ausgestattet werden muß und als Umweltzerstörer angesehen wird – da verbringen Sie Ihren Urlaub mit dem Roß besser nicht. Ärgern können Sie sich schließlich auch zu Hause.

Sie können das Gegenteil finden: Regionen, in denen man den Wanderreiter als Touristen im Visier hat und den berittenen Gast folglich nach Kräften umwirbt. Das ist zum Beispiel in Frankreich der Fall. Dort unterhalten viele

Urlaubsregionen sogar eigene Büros für den Reittourismus („bureau de tourisme equestre" heißt das dann). Diese Anlaufstellen versorgen Interessenten mit Reitwegekarten, Quartierlisten sowie bei Bedarf mit ortskundigen Führern.

In Franken, zwischen Nürnberg und Aschaffenburg, hat das Beispiel Schule gemacht: Auch dort gibt's bereits von offizieller Seite eine Quartierliste für Zweibeiner in vierhufiger Begleitung. Gepäcktransfer, Pferdetransportservice und ortskundige Rittbegleiter können ebenfalls in Anspruch genommen werden. Das macht die Tour ungemein komfortabel, aber natürlich auch teurer.

HAUPTSACHE LANDSCHAFT!

Wer andere Gegenden erkunden will, muß sich um alles selbst kümmern. Wohin soll's

Schlechte Aussichten: Der direkte Weg ist nicht immer der schönste ...

RECHTSFRAGEN

Informieren Sie sich frühzeitig über das Reitrecht in der Region Ihrer Wahl! In manchen Bundesländern wie beispielsweise in Nordrhein-Westfalen dürfen Rösser ihre Hufe nur auf ausgewiesene Reitwege setzen, während man in anderen Regionen auf fast allen Wegen reiten darf. Tabu sind überall Reitverbotswege, die mit einem runden weißen Schild mit rotem Rand und schwarzem Reiter gekennzeichnet sind: Dort ist das Führen von Pferden genauso verboten wie das Reiten.

also gehen? Auch wenn der Weg das Ziel ist: Es ist ganz praktisch, ungefähr zu wissen, wo man landen möchte. Und wenn's nur deshalb ist, weil sich „Wir reiten nach Aachen" viel besser anhört als „Wir treiben uns zwei Wochen in der Eifel rum". Wenn Sie also Bekannte haben, die Sie schon lange mal besuchen wollten – warum nicht zu Pferd dorthin pilgern?

Stures Von-Ort-zu-Ort-Wandern lohnt sich allerdings selten: Wer unbedingt von Berlin nach Paris reiten will, darf sich nicht wundern, wenn die Route zu 70 Prozent durch grausige Gebiete führt. Nicht jede Gegend hat das Zeug zur Urlaubsregion.

Unterwegs haben Sie alle Zeit der Welt, um die Landschaft zu bewundern – die sollte das dann aber bitte auch wert sein. Zum Glück haben Sie genug Auswahl: An abwechslungsreichen, waldreichen und wenig besiedelten Regionen mit dem richtigen Quentchen Kultur mangelt's in Mitteleuropa nicht.

Wenn Sie sich für ein bestimmtes Gebiet entschieden und geklärt haben, wie Sie und Ihr Pferd dorthin kommen, stehen Sie vor dem entscheidenden Problem aller Wanderreiter: „Wo übernachte ich – und vor allem: Wo übernachtet mein Pferd?" Spätestens jetzt können Sie ein bißchen der guten, alten Zeit nachtrauern: Als Pferde noch die einzigen Transportmittel waren, gehörte zum Gasthof ein Gaststall wie heute der Gästeparkplatz. Damit ist's leider längst vorbei. Der Wanderreiter von heute muß schon ziemlich viel Durchsetzungsvermögen und

Kreativität mitbringen, um Quartiere für sich und sein Roß zu finden.

PLANEN ODER DRAUFLOSREITEN?

Abenteuerlustige Zeitgenossen fordern das Schicksal heraus und lassen die Quartierfrage einfach auf sich zukommen – nach dem Motto: „Mich wird schon jemand auflesen." Oft genug klappt das sogar: Man wird ganz plötzlich und unerwartet von Pferdeleuten angesprochen, eingeladen, fürstlich bewirtet, und die Spontanaktion ist schöner als alles, was man hätte planen können. Dummerweise gibt's dafür aber keine Garantie. Genausogut kann es passieren, daß sich trotz aufdringlichster Nachfragen keine Menschenseele geneigt fühlt, zum Wohltäter zu werden.

Klar, dann bleibt immer noch die rustikale Lösung aus der Zigarettenwerbung: Man reite in den Sonnenuntergang, suche sich eine einsame Lichtung und lege das müde Haupt am Lagerfeuer zur Ruh'. Aber was macht der einsame Cowboy, wenn's in der Nacht plötzlich wie aus Eimern gießt? Und was frißt das arme Pferd? Soll es nach einem Tagesmarsch mit den drei Quadratmetern Gras vorliebnehmen, die es vom Anbindeplatz aus erreichen kann? Und was passiert, wenn der Besitzer des Grundstücks auftaucht und die Zweckentfremdung gar nicht so toll findet?

Wanderritte ohne vorher festgelegte Quartiere haben durchaus ihren Reiz. Aber sie sind nur unter ganz bestimmten Voraussetzungen möglich: Die Gruppe muß winzig sein – drei Reiter sind fast schon einer zuviel. Die Pferde sollten absolut verläßlich auch den windschiefsten Zaun respektieren. Weder Rösser noch Reiter dürfen irgendwelche Ansprüche an die Quartiere stellen. Wer unangemeldet wildfremde Menschen überfällt, muß eben nehmen, was er kriegt. Und das sind unter Umständen schlaflose Nächte unter freiem Himmel auf kahlgefressenen, verwurmten Weiden, Regenschauer und Nachtfrost inklusive. Dazu eine unfreiwillige Diät, weil's weit und breit weder einen Gasthof noch einen Laden gibt und weil der Gastgeber nicht im Traum daran denkt, sich auch noch um die Verpflegung der ungebetenen Besucher zu kümmern. Kraftfutter für die Rösser ist leider auch nicht immer und überall zu bekommen, so daß Pferde und Reiter den neuen Tag oft genug mit knurrendem Magen und mieser Laune beginnen. Überlegen Sie sich also gut, ob Sie sich Ihren Urlaub so vorgestellt haben. Und ob Sie Ihrem Vierbeiner solche Reinfälle wirklich zumuten wollen. Denn letztendlich muß das Roß die Sache ausbaden. Sie selbst haben's nicht anders gewollt, aber Ihr Pferd hat keiner gefragt. Wenn's dumm läuft, verliert Ihr vierbeiniger Begleiter durch solche Aktionen ein für allemal die Lust am Langstreckenlaufen.

WAS DIE KARTEN VERRATEN

Auch wenn's ziemlich aufwendig ist: Suchen Sie sich die Quartiere lieber vor dem Start. Dazu brauchen Sie zuerst gute Karten von der Reitregion Ihrer Wahl. Die bekommen Sie in Buchhandlungen oder direkt von den Landesvermessungsämtern.

Am besten sind für Ihr Vorhaben topographische Karten im Maßstab 1:50.000 oder 1:25.000 mit Wanderwegen und Höhenlinien geeignet. Gerade die Höhenlinien sind enorm wichtig. Auf den Karten mancher Verlage fehlen sie, und man stellt unter Umständen erst vor Ort fest, daß der ausgeguckte Pfad leider nahezu senkrecht den Berg hinaufführt.

Die Karten der Landesvermessungsämter sind dagegen ausgesprochen brauchbar. Jeder Buchhändler kann Übersichtspläne anfordern, auf de-

FRAGEN SIE DEN TANKWART!

Zu den wirklich ortskundigen Menschen zählen im ländlichen Raum Tankwarte. Wenn Sie unterwegs auf Quartiersuche sind, sollten Sie sich an Tankstellen nach in Frage kommenden Pferdehaltern oder Landwirten erkundigen. Und auch sonst lohnt es sich, mit dem Hafermotor einen Abstecher zur Zapfsäule zu machen. Einen Eimer Trinkwasser, Wegzehrung und gute Tips gibt's dort allemal.

nen Namen und Nummern sämtlicher kleiner Karten verzeichnet sind. Bestellen Sie diese Unterlagen aber zeitig: Da Amtsschimmel ihre Hufe im Spiel haben, müssen Sie mit Lieferzeiten bis zu zwei Wochen rechnen.
Jetzt sollten Sie Ihr Wohnzimmer leerräumen, damit Sie alle Wanderkarten auf dem Boden ausbreiten können. Machen Sie sich mit der Region vertraut: Wo ist es landschaftlich besonders reizvoll, wo wollen Sie unbedingt hin? Welche Gebiete wollen Sie lieber meiden – et-

Holzweg: Vorsicht bei Flüssen – man sollte sie auch überqueren können.

In die Röhre geguckt: Wenn die nächste Bundesstraßen-Unterführung meilenweit entfernt ist, muß man zeitraubende Umwege in Kauf nehmen.

wa, weil Sie aus verständlichen Gründen keine Lust haben, das Gewerbegebiet von Sowiesostadt zu durchqueren?

Planen Sie Ihre Reitstrecke möglichst parallel zu den Höhenlinien: Suchen Sie sich Höhenwege oder Täler aus, um sich und Ihrem Vierbeiner ein ständiges Auf und Ab zu ersparen. Und achten Sie von vornherein auf „natürliche Hindernisse“. Da wäre zum Beispiel wieder der gute alte Rhein: auf der Karte ein harmloser blauer Streifen. Aber dummerweise gibt es außerhalb von Großstädten kaum Möglichkeiten, dieses lächerlich wirkende Rinnsal zu überqueren. Auf den rund 80 Kilometern zwischen Mainz und Koblenz etwa existiert nur eine Handvoll Fähren, die die Passage vom einen Ufer zum anderen ermöglichen.

Aus fünf Kilometern Luftlinie wird deshalb schnell ein Tagesmarsch. Vorsicht ist nicht nur bei großen Flüssen geboten. Schon mickrige Bäche können den Wanderreiter an den Rand des Wahnsinns treiben: Brücken sind entweder nicht vorhanden oder so morsch, daß sie mit Ach und Krach einen Fußgänger aushalten, aber garantiert kein Pferd. Nur wenn ein befestigter Weg über den Bach führt, können Sie einigermaßen sicher sein, daß Sie es mit einem belastbaren Übergang zu tun haben. Und selbst wenn Ihr Pferd nicht vor Steilufern und reißenden Bächen zurückschreckt, kann es ganz schön gefährlich sein, einfach hoch zu Roß durch unbekannte Gewässer zu pflügen (siehe Seite 193).

Achtung auch bei Bahnlinien, Schnellstraßen oder Autobahnen: Wenn Sie sich bei deren Überquerung nicht umbringen wollen, müssen Sie oft erkleckliche Umwege in Kauf nehmen. Und wo laut Karte ein Fußweg steil bergab führt, stehen Sie in der Realität vielleicht plötzlich vor einer Holztreppe, die der Kartenzeichner natürlich nicht extra vermerkt hat. Bleibt nur Umkehren, wenn Sie nicht sowohl die Stufen als auch die Beine Ihres Rosses ruinieren wollen.

Kalkulieren Sie solche Hindernisse ein, wenn Sie die Etappen planen, und denken Sie außerdem dran: 30 Kilometer in einer bergigen Gegend sind mindestens so anstrengend wie 50 in der Ebene. Planen Sie die Tagestouren lieber zu kurz als zu lang. So gewinnen Sie Spielraum für freiwillige und unfreiwillige Umwege. Je nach Geländebeschaffenheit und Pferdekondition sind pro Tag 15 bis 30 Kilometer Luftlinie angemessen. Wenn dann das Wetter garstig wird, sind Sie binnen weniger Stunden im nächsten Quartier. Schließlich wollen Sie einen Urlaubsritt unternehmen und keinen Gewaltmarsch.

PROFITIEREN SIE VON DEN ERFAHRUNGEN ANDERER!

Die besten Tips für gute Wanderreit-Regionen bekommen Sie von Pferdeleuten, die dort schon mal unterwegs waren. Lassen Sie keine Gelegenheit aus, andere Wanderreiter über deren Touren auszuquetschen – und über die Quartiere. Wenn sich Ihre Informanten dort halbwegs anständig benommen haben, ist Ihnen bei diesen Gastgebern eine Übernachtungsmöglichkeit für Roß und Reiter so gut wie sicher.

WO MAN SICH BETTET ...

Am Ende jeder Tagesetappe suchen Sie sich auf der Karte ein paar Ortschaften aus, die zum Übernachten in Frage kommen. Und dann – viel Spaß beim Suchen! Zwar bemühen sich Organisationen wie die Vereinigung der Freizeitreiter in Deutschland seit Jahren um den Aufbau flächendeckender Quartierlisten, aber mehr als ein paar hundert Adressen bundesweit sind bis heute nicht zusammengekommen. Vergessen Sie's also.

Sie selbst sollten sich spätestens jetzt seelisch und moralisch darauf vorbereiten, notfalls überall zu schlafen. Wichtiger ist, daß Ihr Roß gut unterkommt. Beste Wahl für den Vierbeiner ist eine gut eingezäunte Wiese mit reichlich Gras darauf. Voraussetzung: Das Roß muß ans Grasfressen gewöhnt sein. Bekommt es zu Hause nur Heu, ist eine Kolik durch die krasse Futterumstellung programmiert. Ein Unterstand auf der Weide wäre ideal, doch es geht auch ohne: Ein nächtlicher Sommerregen hat noch kein Pferd umgebracht.

Sie selbst mögen die Nacht im Hotelzimmer der unter dem Sternenzelt vorziehen, doch Ihr Vierbeiner sieht das sicher anders: Wenn er den ganzen Tag seinen Menschen samt Gepäck durch die Gegend geschleppt hat, möchte er abends noch ein bißchen ohne Last herumschlendern (oder kräftig losbuckeln – auch mit solchen Entspannungsübungen überraschen vermeintlich erschöpfte Rösser ihre Reiter), sich die Beine im taunassen Gras kühlen und sich genüßlich wälzen. Wenn Sie das Tier dagegen in die Box sperren, bedankt es sich am nächsten Morgen wahrscheinlich mit angelaufenen Beinen. Den plötzlichen Wechsel zwischen viel Bewegung und völligem Stillstand vertragen Pferde ausgesprochen schlecht.

Aus dem gleichen Grund sollten Sie Ihren vierbeinigen Begleiter über Nacht nicht anbinden. Außerdem kann sich das Roß in einem zu langen Seil hoffnungslos verheddern, während der kurze Strick es dem müden Tier verbietet, ausgestreckt zu liegen und damit einen erholsamen Tiefschlaf zu halten. Auch Hobbels (Fußfesseln, mit denen der Vierbeiner nur kleine Schritte machen kann) sind ungeeignet: Erstens entwickeln viele Rösser auch gefesselt erstaunliche Geschwindigkeiten, so daß sie sich am nächsten Morgen möglicherweise kilometerweit entfernt haben können. Zweitens verhindern die Hobbels die entspannende, freie Bewegung. Stellen Sie sich vor, Sie selbst müßten nach einem anstrengenden Tag mit aneinandergebundenen Händen nächtigen ...

Wenn's keine Weide gibt, können Sie Ihren Vierbeiner vielleicht auf einem Paddock, auf einem Reitplatz oder in einer Reithalle unterbringen. All das wird Ihr Pferd dem Eingesperrtsein vorziehen.

QUARTIERSUCHE PER TELEFON

Wie findet man sie, die saftigen Wiesen, die dem Roß als Nachtquartier dienen? Perfektionisten machen sich mit dem Auto auf den Weg, um potentielle Gastgeber zu finden. Das Problem an der Sache: Man könnte Erfolg haben. Wenn die Leute tatsächlich so freundlich sind, quatscht man sich unweigerlich fest, wird auf einen Kaffee und dann auf einen Wein eingeladen. Danach ist man leider so angeheitert und der Abend so spät, daß man unmöglich weitere wildfremde Menschen heimsuchen kann. Mit dieser Methode findet man ungefähr ein Quartier pro Tag.

Weniger nett, aber auch weniger zeitraubend ist die Suche per Telefon. Als Gastgeber kommen eigentlich nur Landwirte, Reitställe oder private Pferdehalter in Frage. Deren Adressen kennen am ehesten der Ortsbürgermeister oder der Pfarrer des entsprechenden Dorfes. Diese beiden sind also Ihre ersten Ansprechpartner. Die Telefonnummern erfahren Sie über die zuständigen Kreisverwaltungen oder direkt über die Auskunft (Stichworte: Kirchen und Gemeindeverwaltungen). In jedem Fall gilt: Schreiben Sie keine ausgefeilten Briefe. Rufen Sie lieber an – dann sind Sie nicht so leicht abzuwimmeln.

Mit etwas Verhandlungsgeschick, Hartnäckigkeit und natürlich penetranter Freundlichkeit können Sie Ihrem Gesprächspartner hoffentlich ein paar Namen aus der Nase ziehen. Jetzt hilft alles nichts: Frechheit siegt – einfach die potentiellen Gastgeber anrufen. Diplomatie ist gefragt: Wundern Sie sich nicht, wenn Ihr Gegenüber erst mal etwas schwer von Begriff ist. Sie wären es auch, würde plötzlich ein wildfremder Mensch anrufen und Ihnen erklären, daß er samt Roß und Troß bei Ihnen übernachten möchte.

Erklären Sie also in aller Ruhe, was Sie wollen und wie Sie ausgerechnet auf diesen armen Menschen gekommen sind. Geschickte Einleitung: „Guten Abend, hier ist Lieschen Müller aus München – tut mir leid, daß ich Sie einfach so überfalle, aber ich habe gehört, daß Sie auch Pferde haben ... Also, wir unternehmen da einen kleinen Wanderritt mit soundsoviel Pferden und suchen noch Quartiere in Ihrer Gegend. Eine Weide für die Tiere und ein Heuboden für uns würden schon reichen. Vielleicht haben Sie ja einen Tip, wo wir unterkommen könnten ...“ Wenn Ihr Gesprächspartner ein freundlicher Mensch ist, kann er fast nicht anders, als Sie jetzt einzuladen. Vielleicht hilft noch die scheinheilige Nachfrage: „Bei Ihnen ist es wahrscheinlich nicht möglich ...?“

Naturmatratze: Wanderreiter müssen sich oft mit rustikalen Nachtlagern begnügen.

Präsentieren Sie sich als pflegeleicht. Versichern Sie, daß Sie alles sauber hinterlassen und natürlich auch für das Nachtlager zahlen werden. Mehr als nein sagen kann keiner, und wenn er's tut, haben Sie nichts verloren.

Signalisiert Ihr Gesprächspartner Entgegenkommen, können Sie dreister werden und sich nach Details erkundigen. Im Zweifelsfall werden Sie sich freilich mit einem Lager im Heu oder Stroh begnügen müssen – der Wanderreiter von Welt bringt sein Bettzeug in Form eines Schlafsacks natürlich selbst mit. Aber nicht wenige Gastgeber bieten den ungeladenen Besuchern die Wohnzimmercouch oder sogar ein Gästezimmer an. Pensionen gibt es in den meisten kleinen Ortschaften nicht, und wahrscheinlich ist es den Leuten, bei denen Ihr Pferd untergebracht ist, ohnehin lieber, wenn Sie in der Nähe Ihres Vierbeiners bleiben. Dann sind Sie gleich zur Stelle, wenn Ihr Schätzchen des Nachts Unheil anrichten sollte.

Die Telefonaktion muß Ihnen wirklich nicht peinlich sein: Die meisten Pferdebesitzer halten Wanderreiten für eine spannende Sache, auch wenn sie's nie gemacht haben, und helfen liebend gern. Sie selbst wären mit Sicherheit auch eher erfreut als verärgert, wenn sich reisende Reiter bei Ihnen melden würden. Und wenn Sie doch mal an einen Griesgram geraten – macht nichts, stoffeligen Menschen ist eben nicht zu helfen, und ein Versuch kostet nur die Telefongebühren.

Haben Sie erst einmal einen freundlichen Pferdemenschen an der Strippe, nutzen Sie das Schneeballsystem: Fragen Sie gleich, ob er zufällig auch mögliche Quartiergeber an den nächsten Etappenzielen kennt. Pferdeleute wissen meist voneinander. Wahrscheinlich bekommen Sie gleich noch ein paar weitere Adressen, was Ihnen zumindest ein paar Pfarrer- und Ortsbürgermeister-Telefonate erspart.

WIE SIEHT DAS QUARTIER AUS?

Auf jeden Fall sollten Sie abklären, wie die Unterbringungsmöglichkeiten für Roß und Reiter sind und ob es genug Kraftfutter gibt – oder ob Sie sich selbst darum kümmern müssen, daß noch welches zum Quartier geliefert wird. Wer seine Rösser zu Hause auf der Weide hält und wenig reitet, hat oft keinen Hafer und ahnt auch nicht, welche Mengen davon ein Trupp müder Wanderreitpferde verputzt.

Verschweigen Sie Ihrem zukünftigen Gastgeber keine Extrawürste: Nicht jeder Hausherr ist begeistert, wenn der Reitertrupp einen Hund mitbringt oder wenn einer der Gäste plötzlich erklärt, er habe Heuschnupfen und könne deshalb auf keinen Fall auf dem Heuboden nächtigen. Oder wenn eines der Gastpferde sich als Hengst entpuppt und den Gastgeber vor das Problem stellt, seine rossigen Stuten vor dem liebestollen Mannsbild zu schützen ...

Manche Pferdehalter haben seltsame Vorstellungen von der Unterbringung fremder Rösser und meinen, man könne sie einfach zu den eigenen auf die Weide stellen. Das gibt mit Sicherheit Rangeleien. Ob nun eines Ihrer Pferde das des Gastgebers verletzt oder umgekehrt – auf jeden Fall sind Sie der Dumme. Fragen Sie deshalb ganz diplomatisch, ob Sie ein Stück Elektrozaun-Litze mitbringen sollen, um die Weide aufzuteilen. („Unsere Pferde vertragen sich nämlich nicht so gut mit fremden Rössern – oder haben Sie sowieso eine andere Wiese für uns?“)

Im Zweifelsfall schieben Sie alle Meinungsverschiedenheiten auf angebliche Allüren Ihrer Rösser. Sie müssen mit Ihrem künftigen Gastgeber ja keine Grundsatzdiskussionen über artgerechte Pferdehaltung vom Zaun brechen. Es ist schon ziemlich pampig, zu sagen: „Was, in einem muffigen Kuhstall sollen wir unsere armen Tiere anbinden? Das machen Sie vielleicht mit Ihren eigenen Pferden, aber wir tun das unseren nicht an!“ Folgendes klingt doch schon netter: „Hm, das ist schlecht, unsere Pferde sind überhaupt nicht daran gewöhnt, über Nacht angebunden zu sein. Das könnte schiefgehen. Vielen Dank für das nette Angebot, aber haben Sie vielleicht auch eine Koppel?“ So ist das nun mal:

Essen auf Rädern: Klären Sie schon bei der Quartiersuche, ob Sie vor Ort Kraftfutter für Ihr Pferd bekommen – ansonsten müssen Sie die Körner vorher hinbringen.

Als Wanderreiter sind Sie auf das Entgegenkommen Ihrer Mitmenschen angewiesen. Ohne ausgefeilte Diplomatie kommen Sie nicht weit. Reiten schult bekanntlich den Charakter ...

Bei allem Verhandlungsgeschick sollten Sie es aber nicht riskieren, in Ihrem Quartier zu verhungern.

Klären Sie am Telefon auch Ihre eigene Verpflegung. Die plumpe Frage „Machen Sie uns auch was zu essen?“ fällt natürlich wieder in die Kategorie „undiplomatisch“. Fragen Sie lieber, ob's im Ort einen Lebensmittelladen oder ein Gasthaus gibt. „Oder sollen wir schon unterwegs einkaufen und uns was mitbringen?“ Jetzt können Sie nur hoffen, daß Ihr Gastgeber den Wink mit dem Zaunpfahl versteht und Ihnen auch noch Abendessen und Frühstück anbietet. Andernfalls haben Sie leider Pech und müssen sich tatsächlich aus der Satteltasche ernähren.

Last not least: Klären Sie, wie Sie das Quartier finden. Wahrscheinlich haben Sie keine Lust, nach einem langen Tag im Sattel noch kreuz und quer durch eine Kleinstadt zu irren, weil die Blumenstraße auf der Wanderkarte leider nicht namentlich erwähnt ist. Lassen Sie sich deshalb möglichst genau beschreiben, ob der Gastgeber nun im Süden, im Westen oder mitten im Ort wohnt. Und versprechen Sie, ein paar Tage vor Ihrer Ankunft noch mal anzurufen. Das sollten Sie sowieso tun – möglicherweise hat Ihr Gastgeber den seltsamen Anruf sonst längst vergessen und ist einfach nicht zu Hause, wenn Sie mit Pferd, Sack und Pack vor seiner Tür stehen.

SOLL IHR HUND MIT AUF DIE TOUR?

Gibt's da neben dem Pferd noch einen Vierbeiner, den Sie gern mit auf die Tour nehmen würden? Wenn ein Hund die Gruppe begleiten soll, wird er sicherlich schon beim Training dabei sein – an Kondition sollte es ihm also nicht mangeln.

Überlegen Sie sich trotzdem gut, ob ein Wanderritt wirklich das richtige für Ihren Wohnzimmer-Wolf ist. Hufeisen für Dackel und Schäferhunde sind leider noch nicht erfunden, und wundgelaufene Pfotenballen bedeuten für den Hund: nichts wie heim und zum Tierarzt. Außerdem sind die meisten Hunde hitzeempfindlicher als Pferde und brauchen häufiger Trinkwasser.

Die Quartiersuche wird ebenfalls schwieriger: Gastgeber, die Mensch und Pferd willkommen heißen, müssen noch lange nicht von einem Hund angetan sein. Schon gar nicht, wenn sie selbst einen haben, der sein Revier recht deutlich verteidigt.

Die Leiter zum Heuboden stellt selbst Lassie vor unlösbare Probleme, und einsam unten in der Stallgasse will das ach so anhängliche Tier wahrscheinlich auch nicht schlafen. Außerdem müssen Sie neben Pferde- auch noch Hundefutter organisieren.

Selbst wenn sich all diese Probleme lösen lassen: Als Wanderrittbegleiter kommt nur ein hervorragend erzogener, hundertprozentig gehorsamer Hund in Frage, der mit und ohne Leine auf beiden Seiten des Pferdes bei Fuß geht, keinerlei Aggressivität gegenüber anderen Menschen und Tieren zeigt, sich stets in nächster Nähe seines Menschen aufhält und dessen Jagdinstinkt zwischen Null und dem negativen Bereich liegt. Es gibt nicht wenige Förster und Jäger, die finden, daß nur ein toter Hund ein guter Hund ist. Begründet wird diese Meinung übrigens durch Hunde, die nur einen toten Hasen für einen guten Hasen halten.

Auf den Hund gekommen: Mitlaufende Hunde können ihre Futternäpfe selber tragen.

AUSRÜSTUNG FÜR PFERD & REITER

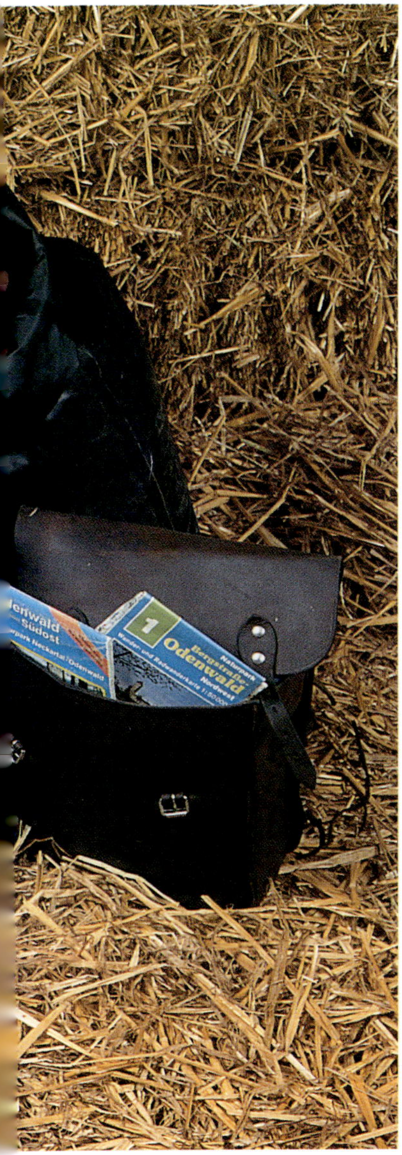

Warum es über die optimale Ausrüstung so viele Meinungen gibt wie Wanderreiter, worauf Sie bei Sattel, Zäumung und Zubehör auf jeden Fall achten müssen und weshalb ein starkes Deo wichtiger ist als eine schicke Bluse.

Was, damit willst du eine Woche durch den Odenwald reiten?" Leicht fassungslos fixiere ich Lisas Schuhwerk.

Meine Freundin guckt mich treuherzig an: „Wieso nicht? Du hast doch gesagt, ich soll robuste Schuhe mit festen Sohlen nehmen, in denen ich gut laufen kann."

Ich gebe auf – soll sie eben mit Clogs reiten, wenn sie unbedingt meint.

Weil Lisa ein Glückskind ist, regnet's natürlich die ganze Woche nicht, und die Wege sind so gut, daß wir nur selten absteigen und die Pferde führen müssen. Nur eines nervt ein bißchen: Die regelmäßigen Stopps, weil meiner Kollegin mal wieder ein Schuh vom Fuß gefallen ist ...

Ein Wanderritt ist der Härtetest für sämtliche Ausrüstungsteile. Jetzt zeigt sich, ob der Sattel wirklich paßt, ob der Regenmantel tatsächlich so dicht ist, wie der Hersteller versichert, ob man mit dem superteuren Schlafsack allen Ernstes bei minus zehn Grad im Freien schlafen kann, ohne sich eine Blasenentzündung zu holen. Dumme Sache, wenn Sie von irgendeinem Teil Ihrer Ausstattung im Stich gelassen werden: Ein passender Sattelgurt ist mitten im Wald nicht so leicht zu finden, wenn der alte mit einem finalen Krachen den Dienst quittiert.

Schon deshalb lautet die oberste Regel: Nehmen Sie nur Dinge mit, die zum einen gut erprobt und zum anderen bestens in Schuß sind.

WENIGER IST MEHR ...

Mit der idealen Ausrüstung ist es wie mit dem idealen Wanderreitpferd: Beide existieren nicht. Jeder Wander-

BEWÄHRUNGSFRISTEN

Keine Experimente – nehmen Sie lieber altbewährte Ausrüstungsgegenstände mit auf Tour als nagelneue. Ein Sattel braucht bei täglichem Reiten in der Regel etwa ein Vierteljahr, um sich dem Pferd richtig anzupassen, und Ihre Schuhe sollten Sie ebenfalls schon vorher eingelaufen haben. Auch Zaumzeug, Packtaschen, Reithosen, Chaps und Hüte werden erst nach einiger Zeit geschmeidig und bequem.

reiter hat seine eigenen Vorlieben. Während der eine Nylonpacktaschen für die genialste Erfindung seit der Entwicklung der Waschmaschine hält, läßt der andere an sein Pferd nichts als Leder ran. Tatsächlich sind solche Entscheidungen in erster Linie Geschmackssache. Mit einer Einschränkung: Wer das Billigste vom Billigen kauft, zahlt letzten Endes immer drauf. Achten Sie also bei allem, was Sie sich zulegen, auf solide Verarbeitung und robuste Qualität.

Die brauchbarsten Ausrüstungsgegenstände finden Sie übrigens nicht unbedingt im Reitsportgeschäft. Schauen Sie öfter mal im Outdoor-Shop vorbei, oder stöbern Sie in der Lederwarenabteilung des Kaufhauses herum. Ihrer Kreativität sind keine Grenzen gesetzt.

Zum Beispiel lassen sich manche Fahrradpacktaschen oder zwei stabile City-Rucksäcke zu hervorragenden Satteltaschen umbauen. Oft sind solche maßgeschneiderten Provisorien geräumiger, haltbarer und noch dazu billiger als alles, was der Pferdefachhandel zu bieten hat.

Das Hauptproblem erkennen über kurz oder lang alle Wanderreiter: Wie man es auch anstellt – in Sachen Stauraum kommt der Vierbeiner gegen den Kombi vor der Haustür nicht an. Selbst eine große Satteltasche wirkt schon erschreckend voll, wenn Sie den ersten Pulli reingestopft haben. Im Laufe der Packerei wandern aus Platzmangel zahlreiche Kleidungsstücke, die Sie eigentlich unbedingt mitnehmen wollten, in den Schrank zurück.

Für mehrtägige oder gar mehrwöchige Touren sind geräumige Packtaschen und ein dicker Packsack also ein Muß – es sei denn, Sie finden einen Dummen, der Ihnen den Kram mit dem Auto hinterherkarrt. Bevor Sie sich aber auf die Suche nach Reisekoffern fürs Pferd machen, werfen Sie erst mal einen Blick auf Ihren Sattel.

SATTEL STATT KOFFERRAUM

Das gute Stück muß Ihrem Roß perfekt passen – das ist keine Frage. Leider erfährt man die ganze Wahrheit darüber oft erst nach ein paar

BEDRÜCKENDER ZUSTAND

Trockene Fellpartien in der ansonsten naßgeschwitzten Sattellage deuten darauf hin, daß sich ein Satteldruck anbahnt: Der Sattel liegt an diesen Stellen so fest auf, daß die Funktion der Schweißdrüsen blokkiert wird.

hundert Kilometern. Wenn's aber schon bei kürzeren Trainingstouren Probleme mit dem Sitzleder gab, vergessen Sie's: Dann paßt der Sattel nicht.

Der Markt ist überschwemmt mit speziellen Wanderreitsätteln aller Art, die in der Regel ganz gut für Langstrecken geeignet sind. Zum Dressurreiten, Springen oder zum sportlichen Geländereiten taugen sie dagegen wenig – schon deshalb, weil der Reiter bei den meisten Modellen durch die extrem breite und hohe Kammer „weit weg" vom Pferd sitzt. Falls Sie mit Ihrem Vierbeiner noch anderes vorhaben als Überlandtouren, brauchen Sie in der Regel mindestens einen Zweitsattel, wenn Sie sich für einen solchen Satteltyp entscheiden.

Zum Wanderreiten ist im Prinzip jeder gut passende, solide verarbeitete Sattel geeignet, der über eine große Auflagefläche und stabile Packringe verfügt. Das kann ein Western-, Militär-, Gardian-, Vaquero- oder Distanzsattel sein. Sie alle fallen unter die Kategorie „Trachtensättel". Das heißt: Die Auflagefläche ist deutlich größer als die Sitzfläche. Hinter dem Allerwertesten des Reiters gibt's eine freie Ladefläche, auf der Packtaschen und Packsack liegen können. Für das Roß ist das viel angenehmer, als wenn das Gepäck

Bewährt: der Westernsattel, trotz seines recht hohen Gewichts gut für Wanderritte geeignet

Bequem und groß in Mode, aber wegen der relativ kleinen Auflagefläche nicht optimal zu bepacken: der australische Stock-Sattel

hinter dem Sattel direkt auf dem Pferderücken liegt. Außerdem wird das Gewicht von Reiter und Gepäck auf eine größere Fläche verteilt als etwa bei einem gewöhnlichen Vielseitigkeitssattel.

Es gibt aber auch „englische" Dressur- und Vielseitigkeitssättel mit Hintertrachten. In Mode gekommen sind sie als Spezialsättel für Islandpferde, doch man bekommt diese Allrounder auch passend für andere Pferde. Sie sind die beste Wahl für alle, die sich mehr oder weniger der englischen Reitweise verbunden fühlen: Diese Multitalente unter den Sätteln vereinen die große Auflagefläche eines Militärsattels mit der Vielseitigkeit und der „Nähe zum Pferd" des normalen Standardmodells. Sie eignen sich damit für das Dressur-, Spring- und Gangpferdereiten genauso wie für Geländetouren, Distanzrennen und Wanderungen zu Pferd. Nur Rinder fangen können Sie damit nicht, weil das Horn vorne am Sattel fehlt.

Für die ersten, kleineren Touren tut es freilich auch ein gewöhnlicher Sattel ohne Trachten, wenn er nur gut sitzt. Sie müssen dann allerdings die Packtaschen ein bißchen umbauen, denn die meisten Modelle sind auf Trachtensättel zugeschnitten, auch wenn Ihnen der ahnungslose Verkäufer im Fach-

Der Allrounder: normaler europäischer Reitsattel mit Hintertrachten und Packringen. Als Unterlage ist ein Woilach praktisch, also eine mehrfach gefaltete Wolldecke.

geschäft etwas anderes einreden will.
Auf jeden Fall braucht Ihr Sattel je zwei Packringe an jeder Seite des Hinterzwiesels und einen Schweifriemenring (egal, ob Sie mit oder ohne Schweifriemen reiten); außerdem Vorderzeugringe links und rechts vom Vorderzwiesel – selbst wenn Sie ohne Vorgeschirr reiten. Suchen Sie sich also einen guten Sattler, der Ihr Sitzleder entsprechend nachrüstet, und schärfen Sie ihm ein, daß die Sache äußerst stabil sein muß. Schließlich wollen Sie Ihren halben Hausrat daran befestigen und nicht nur eine windige Regenjacke.

GUT GEGURTET

Es gibt keine bessere Pferdediät als einen Wanderritt – denken Sie bei der Wahl des Sattelgurtes daran! Am besten entscheiden Sie sich für ein eher kurzes Modell, das Sie gerade noch zubekommen, wenn der Vierbeiner den Sattel mit dem Woilach darunter trägt. So haben Sie noch genug Reserve zum Engerschnallen, wenn das Roß während der Tour abspeckt. Zunehmen wird es unterwegs garantiert nicht.

DER UNTERBAU: DIE SATTELDECKE

Einigkeit herrscht im ansonsten heillos zerstrittenen Wanderreiterlager auch darüber, daß unter den Sattel eine große, weich polsternde Unterlage gehört. Kein Gepäckstück darf nämlich direkt auf dem Pferdefell liegen – das würde Scheuerstellen provozieren.
Normale Schabracken sind meist zu dünn und klein, Westernpads nach unten hin zu kurz für ein bepacktes Roß. Außerdem haben beide den Nachteil, daß sie nicht ganz einfach zu reinigen sind. Nach ein paar Tagen Marsch ist die Unterseite der Satteldecke von einer unappetitlichen Schweiß-Dreck-Kruste überzogen, und der Satteldruck feiert fröhliche Urständ.
Besser ist da schon der gute alte Woilach – eine gefaltete Wolldecke, die je nach Größe vier- bis sechslagig unter dem Sattel liegt. Das bedeutet: Sie haben acht beziehungsweise

zwölf Tage lang täglich eine frische Seite. Brauchbare Wolldecken gibt es in Army-Shops, bei Umzugsunternehmen oder aus Restbeständen von Jugendherbergen. Der Kunstfaseranteil sollte minimal sein, das Material eher schwer, aber auf keinen Fall steif und zur Faltenbildung neigend. Solche Woilache saugen den Schweiß gut auf und lassen sich auch als Abschwitzdecken an kühlen Abenden einsetzen. Nur sollten Sie die Unterlage nicht zum Übernachten mit auf den Heuboden nehmen. Sonst sind Sie am nächsten Morgen erst mal eine Stunde damit beschäftigt, die Spelzen aus den Fasern zu zupfen.

Bevor man den Sattel auflegt, muß man die Decke peinlichst genau glattstreichen und sie unter dem Sattel dann noch mal glattziehen, damit sich auf keinen Fall Falten bilden.

Wenn Sie allerdings einen Sattel mit blanker Lederunterseite auf die Wolldecke legen, kann's rutschig werden. Besser ist es, noch eine normale, dünne Baumwollsatteldecke „zwischenzuschalten". Die Haftreibung zwischen den beiden Stoffschichten hält den Woilach an seinem Platz, und von dem Gereibe zwischen den Decken kommt nichts auf dem Pferderücken an.

Ob Sie den Sattel zusätzlich mit Vorderzeug und/oder Schweifriemen fixieren, hängt vom Pferd ab. Jede zusätzliche Befestigung hemmt das Roß in seiner Bewegungsfreiheit. Noch lästiger ist es aber, wenn der bepackte Sattel ständig nach vorne oder hinten wandert und dabei auf dem armen Pferderücken scheuert.

BEPACKTE SATTELDECKE?

Als „Wanderreiter-Schabrakken" werden Satteldecken mit aufgenähten Taschen im Handel angeboten. Mehr als eine Packung Taschentücher und ein Brötchen paßt da allerdings nicht rein, und der Inhalt der Taschen scheuert direkt auf dem Pferdefell. Außerdem liegen in der Regel genau dort, wo sich die aufgenähten Stofftäschchen befinden, die hinteren Satteltaschen. Vergessen Sie's also!

PLATZ SPAREN, BITTE!

Wer länger als ein paar Tage unterwegs ist, muß jeden freien Platz auf seinem Pferd mit Packtaschen zupflastern: Ein kleineres Paar hängt vor den Reiterbeinen, ein größeres dahinter, und quer über den Rücken des Rosses kommt eine Rolle für Schlafsack und Regenmantel.

Was in den gängigen Ausrüstungslisten als Marschgepäck empfohlen wird, paßt trotzdem nicht auf das arme Tier. Einige Ratgeber empfehlen die Mitnahme von Zelt, Kochgeschirr, Luftmatratze, Campingkocher, Elektrozaun-Set, Werkzeugkasten, Abendgarderobe ... und bleiben aus gutem Grund die Antwort schuldig, wo der Reiter den ganzen Krempel unterbringen soll. Zumal er selbst auch noch Platz im Sattel finden möchte.

Die Frage ist also nicht, welche Ausrüstung theoretisch sinnvoll wäre, sondern, was man tatsächlich auf dem Pferd unterbringt. Nämlich wenig. Minimalismus sei das Credo des Wanderreiters.

WUNDERMITTEL – NICHT GANZ DICHT?

Ob Hirschtalg, Melkfett, Teebaumöl, Grapefruitkernextrakt, Ballistol oder Zink-Lebertran-Salbe: Nahezu jeder Reiter schwört auf ein ganz bestimmtes „Allheilmittel". Nehmen Sie Ihr ganz persönliches Wundermittel mit auf die Tour, aber verpacken Sie es bitte so, daß nicht der ganze Packtascheninhalt damit getränkt ist, falls die Wundermittelflasche, -dose oder -tube nicht ganz dicht ist oder zu Bruch geht!

FÜR NOTFÄLLE GERÜSTET

Trotzdem müssen bei jedem längeren Ritt ein paar Dinge mit, die Sie hoffentlich nie brauchen werden. Allen voran die Notapotheke: Wundsalbe, Heftpflaster, Dreieckstücher, Schere, Pinzette, Kompressen, Mullbinden, selbstklebende Bandagen, Schmerzmittel, Kohletabletten und ein Beruhigungsmittel für das Pferd (lassen Sie sich von Ihrem Tierarzt etwas geben, und lassen Sie sich genau erklären, wie Sie das Präparat im Notfall anwenden). Vor allem das Verbandsmaterial sollten Sie nicht zu knapp bemessen. Sollte Ihr Pferd tatsächlich eine Rumpfverletzung erleiden, werden Sie sehr schnell feststellen, wie verflixt kurz eine elastische Binde ist.

Zweiter (hoffentlich) überflüssiger Posten: Hufbeschlags-Werkzeug. Sie können natürlich eine jener sündhaft teuren Universalzangen erwerben, deren tieferer Sinn sich einem erst nach einem Mechanik-Grundkurs erschließt. Billiger und leichter zu handhaben ist die folgende Variante: Lassen Sie Ihren Schmied einen Hammerkopf auf eine halbe Hufraspel schweißen, dann haben Sie schon mal zwei Werkzeuge in einem. Die Raspel brauchen Sie, um den Huf so weit rundzufeilen, daß nichts ausbricht, falls sich mal ein Eisen unbemerkt verabschiedet hat. Der Hammer hilft zum Beispiel beim Austauschen von Hufnägeln.

Dazu kommen ein kleiner Aufnieter (um die vernieteten Hufnägel zu öffnen, falls ein Eisen halb heruntergetreten ist) und Reserve-Hufnägel in der richtigen Größe. Praktisch ist es auch, ein eingelaufenes, also schon mal verwendetes Ersatz-Hufeisen dabeizuhaben: Wenn ein Eisen unauffindbar verlorengegangen ist, brauchen Sie zwar in jedem Fall einen Hufschmied. Aber der tut sich – vor allem bei Sondergrößen – leichter, wenn er ein Reserve-Eisen nur noch für den betroffenen Huf passend machen muß. Außerdem sollten Sie eine brauchbare Kneifzange mitnehmen, die Sie im Fall der Fälle auch benutzen können, um Ihr Pferd aus einem herumliegenden Draht zu befreien.

Dritter Posten für Notfälle: ein kleines Leder-Reparaturset, falls ein Riemen reißt. Dazu gehören eine Lochzange oder besser die handlicheren Locheisen, eine Ahle zum Vorbohren kleiner Löcher, et-

Unentbehrlich: Zum Leder-Reparaturset gehören normale Nieten und Schraubnieten, Ledernadel und Garn, Locheisen, Lederriemchen und ein Bastelmesser.

was Lederleim, eine robuste Nadel und stabiles Garn, ein scharfes Bastelmesser, Schiffchen-Schnallen, Schraubnieten und ein paar Lederriemchen.
Selbst wenn Sie keinen Nachtritt planen: Eine Stiefelleuchte sollten Sie schon mitnehmen, falls Sie sich doch mal hoffnungslos verfransen und in der Dunkelheit an irgendeiner Landstraße entlangtappen müssen. Die Leuchte können Sie auch als Taschenlampe verwenden, um sich in Ihrem Nachtquartier auf dem Heuboden zurechtzufinden.

MOBILER ZAUN

Auch wenn Sie kein Elektrozaun-Set mitnehmen: 40 Meter dünne E-Zaun-Litze brauchen in der Packtasche nicht viel Platz und leisten unschätzbare Dienste, wenn Sie im Nachtquartier einen lädierten Zaun flicken müssen, zwei Pferde voneinander trennen oder einen provisorischen Paddock zwischen Bäumen bauen wollen. Wenn die Pferde Elektrozaun kennen und respektieren, wirken die weißen Schnüre auch ohne Strom einige Stunden lang abschreckend.

NÜTZLICHES FÜRS PFERD

Für Ihren Vierbeiner sollten Sie auf jeden Fall Putzzeug mitnehmen – Striegel, Kardätsche und Hufkratzer gehören dazu. Wenn Sie keine Bratpfannen-Hände haben, können Sie ruhig auf Minibürsten zurückgreifen, wie es sie von verschiedenen Anbietern für Kinder gibt. Im Sommer sollte außerdem ein kleines Fläschchen Fliegenschutzmittel mit ins Gepäck.
Nicht unbedingt notwendig, aber ausgesprochen praktisch ist ein wasserdichter Futtersack, mit dem Sie Ihrem Roß auch da einen Drink organisieren können, wo es selbst nicht hinklettern kann. Ebenso sinnvoll: ein Schwamm, um dem Vierbeiner den Schweiß aus dem Fell zu waschen.
Nützlich ist auch ein elastischer Deckengurt, der wirklich kaum Platz wegnimmt. Damit läßt sich der Woilach nach dem Ritt auf dem verschwitzten Pferd befestigen. Ebenfalls nicht verkehrt: ein leichter Stoffbeutel, in den Sie etwas Kraftfutter für die Mittagspause packen können. Schließlich hat Ihr Vier-

beiner, anders als zu Hause, sonst den ganzen Tag keine Zeit zum Futtern. Ein Häppchen gegen den Hunger zwischendurch wirkt Wunder, was die Motivation Ihres Rosses angeht.

Damit Ihr Pferd einen kühlen Kopf bewahren kann, sollten Sie das Zaumzeug einer Abmagerungskur unterziehen. Das Reithalfter können Sie sich in der Regel schenken – Sie werden ohnehin überwiegend am langen Zügel reiten. Außerdem juckt der Schweiß, der sich unter dem Sperrhalfter bildet, ganz fürchterlich. Ersparen Sie Ihrem Pferd also dieses Stück Leder. Für die meisten Rösser sind auch Stirn- und Kehlriemen überflüssig wie ein Kropf – also bleibt nur ein schmaler Backenriemen übrig, der das Gebiß hält. Die Trense können Sie zusätzlich durch einen lose verschnallten Kinnriemen im Pferdemaul fixieren.

Die Frage nach dem richtigen Gebiß müssen Sie selbst individuell beantworten – nehmen Sie das, mit dem Sie und Ihr Vierbeiner am besten auskommen. Ob Sie Ihrem Roß mit einer gebißlosen Zäumung einen Gefallen tun, ist fraglich: Wenn das Pferd das versteifte Nasenstück den ganzen Tag trägt, kann's auch bei noch so guter Abpolsterung Scheuerstellen geben.

Unabhängig von der Art der Zäumung sollten Sie bei den Zügeln darauf achten, daß sie sich zugleich als Anbindestrick verwenden lassen – zum Beispiel, indem Sie sich aus einem Seil einfach einen praktischen Zügel basteln.

Fehlt noch ein Halfter zum Anbinden. Es gibt spezielle Zaumzeug-Halfter-Kombinationen fürs Wanderreiten (teuer!), in die das Gebiß einfach ein- und ausgeschnallt wird. So ein Ding müssen Sie nicht kaufen, Sie können's auch ganz leicht selber basteln. Wenn der Reitzaum aber ohnehin nur aus einem einzigen Riemen besteht, können Sie das Kopfstück auch einfach über das Halfter ziehen.

Beide Varianten haben den Nachteil, daß Ihr armes Roß doch wieder ziemlich viele Riemen im Gesicht trägt. Wenn Sie ihm den Kopf freihalten wollen, hängen Sie das Halfter unterwegs besser lose ans Sattelhorn, oder packen

Zäumung light: Ein Kopfstück ohne Schnickschnack und ein Halsriemen zum Anbinden halten den Pferdekopf frei.

Sie's in die Packtasche, falls dort noch Platz ist. Es gibt auch Minihalfter aus sehr dünnem Seil, die sich auf die Größe eines Tennisballs zusammenknäulen lassen. Allerdings taugen sie nicht für Pferde, die gerne Tauziehen spielen, sobald sie angebunden sind: Wenn das Schnurhalfter nicht reißt, kann es tief in die Pferdehaut einschneiden – beides ist gleichermaßen gefährlich.

Noch besser ist ein Halsriemen anstelle eines Halfters. Den kann das Pferd ständig tragen, ohne daß er stört. Testen Sie allerdings vorher, ob sich Ihr Vierbeiner damit sicher anbinden läßt. Echte Entfesselungskünstler streifen sich das Ding blitzschnell ab – zumal man den Riemen nicht zu fest verschnallen darf, wenn man sein Roß nicht strangulieren will.

DAS NÖTIGSTE FÜR DEN REITER

Was Ihre eigene Ausstattung betrifft, sind die Möglichkeiten eher bescheiden. Den Kosmetikkoffer werden Sie so wenig unterkriegen wie den Fön, den Rasierapparat oder die schicken Schuhe für den abendlichen Restaurantbesuch. Finden Sie sich also gleich damit ab, daß Ihre Gastgeber Sie als streng nach Pferd riechenden und nicht ganz sauberen Besucher erleben werden. Jeden Tag ein frisches T-Shirt? Vergessen Sie's, zumal, wenn Sie länger unterwegs sein wollen. Packen Sie lieber ein starkes Deo ein, das spart Platz.

Ansonsten müssen Sie in Sachen Kosmetika spartanisch sein: Haar- und Zahnbürste sowie eine Minitube Zahnpasta reichen völlig aus. Und bei Bedarf ein paar Kleckse Sonnencreme. Alles andere, etwa Shampoo, Duschgel und

Handtücher, können Sie dort schnorren, wo man Sie ins Badezimmer läßt.
Auch wenn es beim Abritt bullenheiß ist: Denken Sie daran, daß die Nächte (und manche Tage) auch im Hochsommer empfindlich kalt werden können. Statt dicker Pullis empfehlen sich mehrere dünne, die Sie im Zwiebelschalen-System übereinander anziehen können. Zumindest die mittlere Schicht bleibt dann einigermaßen sauber ...
Mindestens einen dünnen Pulli sollten Sie nicht verdrecken lassen und tunlichst nur dann anziehen, wenn kein Pferd in der Nähe ist, das sein möhrenverschmiertes Maul an Ihnen abwischt: Dieses Kleidungsstück gestehen Sie sich als Abendgarderobe zu.

GUT IMPRÄGNIERT IST HALB GEWONNEN

Alles Lederzeug sollte vor dem ersten Gebrauch mehrfach mit Lederöl oder -fett behandelt und immer wieder nachimprägniert werden – das macht die Tierhaut geschmeidig und wasserabweisend und verlängert die Lebensdauer. Ein paar Tage vor der großen Tour ist wieder eine Fettorgie fällig. Übrigens: Auch Lederschuhen tut diese Behandlung gut. Profis tränken das Leder zuerst mit Öl und „versiegeln" die obere Schicht dann mit einem stark bienenwachshaltigen Fett.

SAUBERE KLEIDUNG?

Auf langen Touren leistet eine kleine Tube Reisewaschmittel gute Dienste. Die können Sie allerdings auch unterwegs kaufen. Ein Ruhetag läßt sich dann für eine Waschaktion nutzen. Vielleicht dürfen Sie ja auch die Waschmaschine Ihres Gastgebers nutzen. Die Krönung ist's, wenn dieser einen Wäschetrockner besitzt. Ansonsten können Sie an einem heißen Tag auch Ihren eigenen Körper als Trockengestell verwenden. Bei Hitze sind nasse, saubere Hemden um Klassen angenehmer als trockene, dreckige.
Noch eine Variante: Sie können Pakete mit frischer Wäsche an ausgewählte Quartiere vorausschicken und von dort aus das dreckige Zeug nach Hause senden. Dafür

muß es im Ort allerdings ein Postamt geben, das nicht nur drei Stunden pro Woche geöffnet hat. Danach erkundigen Sie sich am besten, wenn Sie den zukünftigen Gastgebern Ihre Ankunft androhen.

Schon aus reiner Höflichkeit müssen Sie sich über das Wäscheproblem rechtzeitig Gedanken machen: Ein bißchen rustikal dürfen Sie als Wanderreiter schon rumlaufen, aber kein Quartiergeber nimmt gern eine Gruppe hungriger Reiter auf, wenn diese auch noch vor Dreck starren und zudem etwas streng riechen ...

Ihre Hosen sollten Sie zuvor bei Tagesritten auf ihre Langstreckentauglichkeit getestet haben: Mit wundgerittenen Beinen macht kein Wanderritt besonderen Spaß. Eine Ersatzhose dürfen Sie sich leisten, mehrere werden Sie ohnehin nicht unterbringen. Höchstens noch dünne Leggins, die abends nach der Tour und nachts im Schlafsack wesentlich bequemer sind als klebende, müffelnde Reithosen.

Wahrscheinlich haben Sie keine Lust, abends mit Ihren dreckigen Reisestiefeln durch das Wohnzimmer Ihres Gastgebers zu poltern – doch für Abendschuhe bleibt kein Platz. Allenfalls für federleichte Gymnastikschlappen oder Mokassins – besser als gar nichts.

Das Schuhwerk für tagsüber darf um so robuster sein. Reitstiefel sind nur dann geeignet, wenn Sie auch längere Strecken damit laufen können, ohne daß sich Ihre Füße in rohes Fleisch verwandeln. Außerdem ist eine Profilsohle ein Muß. Es sei denn, Sie wollen Ihre Mitreiter erheitern, indem Sie jeden Steilhang auf dem Allerwertesten runterrutschen. Die Ledersohle eines klassischen Reitstiefels gibt im Schmodder halt doch nicht den optimalen Halt.

Einen kleinen Absatz sollten die Schuhe auch haben, damit der Fuß nicht durch den Steigbügel rutscht und dort hängenbleibt, falls Sie stürzen. Wenn Sie noch lange Freude an Ihren Fußgelenken haben wollen, sollten Sie Schuhe tragen, die über den Knöchel reichen. Sicherheitssteigbügel minimieren das Risiko zusätzlich.

GEGEN WIND UND WETTER

Chaps, also lederne Überziehhosen, haben ihre Vorteile: Sie bieten Schutz vor Dornen, kaltem Wind, Dreck und bedingt auch vor Regen. Dagegen stehen die Nachteile: An wirklich warmen Tagen sind die Dinger kaum zu ertragen. Sind sie erst mal vom Regen durchweicht, brauchen sie Tage zum Trocknen. Und sie sind so schwer und voluminös, daß man sie eigentlich nirgends am Sattel befestigen kann – nur an den eigenen Beinen. Sinnvoll sind sie also nur, wenn's garantiert nicht zu heiß wird und wenn Sie einen Regenmantel dabeihaben, der die Beine und damit die Chaps bei ordentlichen Güssen trocken hält.

Schlechtes Wetter gibt es bekanntlich nicht, nur schlechte Kleidung. Ein Wanderritt, bei dem es nicht mindestens einmal wie aus Eimern schüttet, ist kein Wanderritt – seien Sie also auf alles gefaßt.

In Sachen Regenschutz teilt sich das Lager in Traditionalisten und Technokraten. Der Traditionalist schwört auf den rustikalen Wachscotton-Mantel australischen Ursprungs, auf dick eingefettete Camarguestiefel, Lederhandschuhe und einen Hut aus gewalktem Kaninchenhaar. Der Technokrat dagegen trägt Jacke und Regen-Überziehhose aus wasserabweisendem und atmungsaktivem High-Tech-Textil, etwa Goretex oder Sympatex, dazu leichte Goretex-Wanderstiefel und anstelle des Huts eine Kapuze.

Auch das ist wieder eine Glaubensfrage: Wachscotton nimmt die Odyssee durchs Brombeergestrüpp bei weitem nicht so übel wie die Microfaser aus dem Outdoor-Shop. Zudem decken die Wachsmäntel den ganzen Sattel und einen Teil des Gepäcks mit ab. Der Reiter sitzt also fast wie in einem Zelt. Das macht ihn etwas unbeweglich, sieht aber wunderbar stilecht aus.

Dafür ist Wachscotton oft nicht absolut dicht und relativ schwer, der Mantel bietet weniger Bewegungsfreiheit als die Jacke-Hose-Kombination, und wenn doch mal Wasser zwischen Sattel und Hintern läuft, wird's ziemlich eklig. Außerdem verflüssigt sich das Wachs an heißen Tagen ungefragt, so daß das

Kleidungsstück sich in ein schmieriges, glibberiges und streng riechendes Schmuddelteil verwandelt – igitt ...
Ob der Regenschutz nun klassisch oder modern ausfällt: Gegen einen Filzhut kann kein High-Tech-Produkt anstinken. Gute (und teure) Exemplare taugen sogar als Ersatz für einen Wassereimer.

Klassisch: Der Traditionalist schwört auf Wachsmantel, Filzhut, Lederchaps und gewachste Jodhpur-Stiefeletten.

MANTEL STATT PONCHO

Bundeswehr-Ponchos scheinen sich auf den ersten Blick ideal als Regenschutz für Wanderreiter zu eignen. Die gesamte Ausrüstung und das halbe Pferd verschwinden unter der Plane, und billiger als gute Reitregenmäntel sind die Ponchos auch. Die Kehrseite: Billigexemplare lösen sich ziemlich schnell in ihre Bestandteile auf, während teure etwa genauso schwer und voluminös sind wie Wachsmäntel. Dennoch wird die Gummierung in der Regel ziemlich schnell brüchig und der Poncho undicht. Außerdem ist Bergauflaufen mit solchen Ponchos fast unmöglich.

Im Gegensatz zur Kapuze sorgt der Hut dafür, daß einem die Brühe weder ins Gesicht noch in den Nacken läuft, und auch als Sonnenschutz eignet er sich. Solche Hüte gibt's sogar in knautschbarer Ausführung – sie lassen sich dann unter die Klappe der Packtasche schieben, wenn man sie gerade nicht braucht, und geraten selbst dadurch nicht sonderlich aus der Form. Auf jeden Fall sollten Sie den Hut aber mit einem Kinnriemen nachrüsten, damit er Ihnen nicht ständig vom Kopf weht.

Mit nassen Händen müssen Sie leben – richtig dichte Handschuhe sind so dick, daß sie zum Reiten nicht taugen. Am besten ziehen Sie die Handschuhe also aus, wenn die ersten Tropfen vom Himmel fallen ...

Unangenehmer sind nasse Füße. Selbst das beste Lederfett kapituliert nach ein paar Stunden Dauerregen und ein paar Fußmärschen durchs nasse Gras. Und auch Goretex-Stiefel kommen nicht ohne Nähte aus. Gummistiefel sind indiskutabel, denn irgendwann müssen Sie die Dinger ausziehen, und zwar in der Regel dann, wenn Ihr Gastgeber danebensteht. Das können Sie keinem zumuten, selbst wenn er eine Schwäche für aromatische Käsesorten hat.

Ihre Füße und Unterschenkel können Sie mit Hilfe von gummierten Überziehgamaschen trocken halten. Es gibt sie in Fahrrad- und Motorradgeschäften. Der Haken: Laufen kann man mit den Dingern nicht besonders gut, Sie bleiben also besser auf Ihrem Roß sitzen. In diesem Fall sind auch spezielle Kunststoff-Überschuhe ganz praktisch, mit denen sich normale englische Steigbügel nachrüsten lassen. Zumindest der vordere Teil des Reiterfußes hat damit einen trockenen Parkplatz. Den gleichen Zweck erfüllen geschlossene Westernbügel (Tapaderos).

High-Tech: Microfaser-Jacke mit Kapuze, wasserdichte Überziehhose und Goretex-Wanderstiefel bekommt man im Outdoor-Shop.

Wenn Sie Ihr Pferd durch den Regen führen oder trotz Schmuddelwetter Pause machen wollen, weicht auch der Sattel durch. Gutes Leder hält das aus, Ihr Hintern aber vielleicht nicht. Eine Blasenentzündung ist eine scheußliche Sache! Profis haben deshalb einen zurechtgeschnittenen Müllsack in der Jackentasche, mit dem man bei Bedarf den Sattel bedecken kann.
Apropos Regen: Keine Packtasche der Welt ist hundertprozentig wasserdicht, und ein Hersteller, der etwas anderes behauptet, hat sein Produkt einfach noch nicht bei einem richtigen Wolkenbruch getestet. Wenn Sie keinen gesteigerten Wert auf klatschnasse Wäsche legen, sollten Sie deshalb den Inhalt der Packtaschen nochmals in Plastiktüten einpacken. Dicht hält dagegen die Schlafsackrolle, wenn Sie bei der Wahl des Materials ein glückliches Händchen haben: Nichts taugt besser als die sogenannten Kajakbeutel, die es in Wassersport- und Outdoor-Läden gibt. Sie sind dafür gemacht, auch mal ein paar Meter in einem Wildbach zu schwimmen. Sogar unfreiwillige Exkursionen durch Brombeerhecken steckt das Material locker weg.

DAS BESTE BETTZEUG

Nach einem Tag im Regen ist eine Nacht im Trockenen Gold wert. Wie schon erwähnt, bringt der Wanderreiter von Welt sein Bettzeug selber mit. Vergessen Sie die Schlafsäcke, die es gelegentlich als Kaffeezugabe zu kaufen gibt. Damit werden Sie nicht glücklich. Für ein brauchbares Reisebett müssen Sie schon ein bißchen Geld ausgeben.
Im Frühsommer oder Herbst, in den besten Zeiten für Wanderreiter, kann's nachts schon mal Frost geben. Auch auf dem Heuboden wird's dann recht frisch. Schlafsäcke mit einem sogenannten „Komfortbereich" von fünf bis 20 Grad, sogenannte Drei-Jahreszeiten-Schlafsäcke, sind deshalb eine gute Wahl. Achtung: „Extrembereich" bedeutet etwas anderes – nämlich, daß Sie bei fünf Grad zwar nicht erfrieren, aber mit Sicherheit auch nicht schlafen können.

Daunenschlafsäcke sind die beste Wahl, was Gewicht und Volumen betrifft. Schließlich ist eine möglichst geringe räumliche Ausdehnung wichtig. Allerdings verträgt sich die Federfüllung nicht mit Wasser. Wenn Sie also damit rechnen, öfter mal im taunassen Gras unter freiem Himmel zu schlafen, dann sollten Sie sich lieber einen Schlafsack mit Kunstdaunenfüllung zulegen. Der ist schwerer und voluminöser, dafür aber weniger feuchtigkeitsempfindlich.

KARTEN UND ANDERER KLEINKRAM

Auch für die Karten brauchen Sie eine geeignete Verpackung, wenn sich die Pläne nicht beim ersten Guß in Pappmaché verwandeln sollen. Experimentieren Sie nicht mit Prospekthüllen: Die Dinger sind für pflegliche Behandlung im Büro geschaffen, nicht für Härtetests in der Wildnis, wo sie sich hastig in ihre Bestandteile auflösen.

Deutlich besser fahren Sie mit rundum durchsichtigen Hüllen aus hochflexibler und damit bruchfester Kunststofffolie, die sich per Klettverschluß wasserdicht verschließen lassen. Solche Taschen gibt's in Outdoor- oder Wassersport-Shops. Sie sind eigentlich dafür gemacht, auf Kanutouren Wertsachen regensicher zu verstauen. Rüsten Sie die Hülle mit einem etwas breiteren Leder- oder Nylonriemen aus, damit Sie sich das Ding bequem um den Hals hängen können. Neben der Karte passen ein Bleistift und der Kompaß rein, das muß reichen.

Klassische Kartentaschen aus Nylon mit einem Sichtfenster sind meist weniger dicht und stabil, außerdem ziemlich schwer. Das merken Sie vor allem, wenn Sie die praktischen kleinen Fächer an der Tasche mit allerlei Kleinkram vollgestopft haben, der Ihnen dann den ganzen Tag im Nacken hängt.

Apropos Kleinkram: Der muß natürlich auch mit. Papier und Stifte gehören dazu, und vielleicht eine robuste Pocketkamera nebst Filmen (die teure Spiegelreflexkamera lassen Sie besser zu Hause – die Feinmechanik im

Gehäuse verträgt das ständige Gewackel auf dem Pferderücken gar nicht gut). Außer dem Taschenmesser ist ein Löffel praktisch, weil sich der unterwegs eingekaufte Joghurt so schlecht mit den Fingern essen läßt. Ein Halstuch schützt nicht nur den Nacken vor Sonnenbrand, sondern läßt sich auch zum Basteln von tausend Provisorien gut verwenden.

Wenn Sie den ganzen Krempel immer griffbereit haben möchten, sollten Sie sich eine Outdoor-Weste mit vielen Taschen zulegen. Dieses Kleidungsstück trägt sich ausgesprochen angenehm.

Trinkflaschen sind nie verkehrt – kaufen Sie lieber zwei kleine als eine große, damit Sie das Gewicht gleichmäßig auf beide Seiten Ihres Pferdes verteilen können. Gut geeignet sind leichte, stabile Alu-Behälter.

Reiseliteratur werden Sie selbst als eingefleischte Leseratte nicht nötig haben: Wetten, daß Sie unterwegs keine Minute zum Schmökern kommen?

Dafür sollten Sie keine Sekunde zögern, das wichtigste Survival-Zubehör überhaupt einzupacken: eine Tüte Bonbons gegen die kleinen Frustanfälle unterwegs ...

CHECKLISTE: DAS MUSS MIT

Hintere Packtaschen:

- Wäsche, T-Shirts, Pullis
- Wanderkarten
- Zahnbürste, Zahnpasta, Sonnencreme, Haarbürste, Deo
- Striegel und Kardätsche, Fliegenmittel
- leichter Deckengurt
- zwei Trinkflaschen
- Leder-Reparaturset

Vordere Packtaschen:

- Geldbeutel, Papiere, Pferde-Impfpaß, Notfall-Paß (mit Informationen über Ihre Blutgruppe, eventuelle Medikamentenallergien und so weiter)
- Kamera
- Hufkratzer
- Notbeschlagswerkzeug
- Handschuhe
- Wegzehrung
- Taschenmesser
- Löffel
- Reitstiefelleuchte

Packsack:

- Schlafsack
- Ersatzreithose
- Kraftfutter für die Mittagspause
- Ersatzriemen
- Gymnastikschlappen

Außerhalb der Packtaschen:

- Regenmantel
- Schwamm
- Führstrick und eventuell ein längeres Seil (als Hochseil zum Anbinden mehrerer Pferde, siehe Seite 178)

Am Körper:

- Notapotheke
- Handy
- Kartentasche mit Kompaß und Schreibzeug
- robuste, bequeme Kleidung und Schuhe, wasserdichter Hut

Am Pferdekopf:

- leichtes Halfter oder Halsriemen
- leichtes Zaumzeug, möglichst ohne Reithalfter

WOHIN MIT DEM GEPÄCK?

Wie man
den ganzen Krempel
möglichst sicher
rund um den Sattel
vertäut und warum
Begleitfahrzeuge und
Packpferde oft mehr
Ärger machen, als sie
ersparen.

***N**ein, bitte nicht schon wieder traben. Mein Rücken braucht eine Pause." Zum zwanzigstenmal heute springt Max vom Pferd, gurtet seinen Rucksack provisorisch auf dem Sattel fest und läuft neben seinem Vierbeiner her. Das belastet zwar seine Füße, entlastet aber sein Kreuz.*
Wir grinsen: Selbst schuld, wenn man zu geizig ist, Satteltaschen zu kaufen ...

Wenn Sie auf einen Wanderritt gehen, schadet Ihnen ein Hang zum Spartanischen überhaupt nicht – je weniger Gepäck, desto besser. Aber was übrigbleibt, reicht völlig, um handfeste Probleme zu verursachen: Wie vertäut man den ganzen Kram am Pferd und findet hinterher selbst noch einen Platz im Sattel?
Die meisten im Fachhandel erhältlichen Packsysteme haben nämlich ihre Tücken: Entweder sind sie für einen ganz bestimmten Satteltyp entwickelt worden und passen einfach nicht an andere Modelle. Oder sie sind überhaupt nicht entwickelt, sondern von ahnungslosen Herstellern einfach auf den Markt geworfen worden: Sollen die Reiter doch sehen, wie sie mit dem undurchdachten Zeug klarkommen ...
Im Klartext: Wenn Sie nicht stolzer Besitzer eines perfekt ausgetüftelten, auf den Sattel abgestimmten und entsprechend teuren Packsystems sind, werden Sie basteln, nachbessern und improvisieren müssen, um die eigene Ausrüstung zu perfektionieren. Es sei denn, Sie lösen das Gepäcktransport-Problem auf elegantere Weise ...

PACKPFERD: FLUCH ODER SEGEN?

Wenn Sie mehr als ein Pferd besitzen – warum dann nicht den zweiten Vierbeiner als Lasttier mitnehmen? Zugegeben: Zunächst drängt sich diese Idee förmlich auf. Zumal Sie für Ihren Gewichtsträger normalerweise noch nicht mal einen Packsattel brauchen. Ein normaler Reitsattel tut's nämlich auch, wenn Sie das Roß zunächst wie ein Reitpferd bepacken und dann noch zwei Packsäcke über die Sitzfläche hängen. Seitlich werden diese

Säcke im oberen Bereich mit den Steigbügelriemen und unten mit Spanngurten vertäut, die waagrecht unter den Gurtstrippen durchgezogen werden.
Also alles kein Problem? Von wegen! Die Sache klappt nur, wenn der auserwählte Vierbeiner wirklich mitspielt. Schließlich ist es oft schwer genug, das Reitpferd im Griff zu behalten. Wenn dann noch ein zweites Tier eigene Ideen entwickelt, bekommen Sie plötzlich sehr lange Arme. Beide Rösser müssen also ein eingespieltes Team sein und – ebenso wie der Reiter – das Handpferdereiten aus dem Effeff beherrschen: Sie müssen anstandslos neben- und hintereinander gehen und in allen Gangarten hundertprozentig kontrollierbar sein. Alles andere macht das Unterfangen bestenfalls zum Nerventraining für Rösser und Reiter, schlimmstenfalls zum Sicherheitsrisiko.
Außerdem müssen Sie dem Packpferd genausoviel Training und Gymnastizierung angedeihen lassen wie dem Reitpferd. Schließlich hat es die gleiche Strecke zu laufen. Zwar mit weniger Gewicht auf dem Buckel, doch das bedeutet nicht unbedingt eine Erleichterung: Tote Masse schleppt sich nämlich wesentlich schlechter als Lebendgewicht, weil sie sich nicht selbst ausbalanciert. Sie kennen das: Ein halber Zentner Hafer wirkt beim Tragen wesentlich schwerer als ein 25 Kilo schweres Kind. Das Packpferd muß sich also schon ganz schön anstrengen und würde wahrscheinlich liebend gern mit dem Reitpferd tauschen.
Wenn Sie den Tragtierqualitäten Ihres Zweitpferdes also nicht hundertprozentig trauen oder wenn Sie sich nicht ganz sicher sind, daß Sie beide Pferde wirklich gründlich trainieren können, sollten Sie Nummer zwei besser daheim lassen. Im Interesse aller Beteiligten.

PRO UND CONTRA BEGLEITFAHRZEUG

Kommerziell orientierte Wanderritt-Organisatoren lösen das Gepäcktransport-Problem stilloser, aber effektiver: Sie lassen das Gepäck ihrer reitenden Kunden per Troßfahrer im Auto von Station zu Station chauffieren. Der arme Mensch, der diese undankbare Aufgabe übernimmt, wird dafür bezahlt – völlig zu Recht, denn der Job ist alles andere als attraktiv: zwanzig Minuten im Auto sitzen für eine Strecke, für die der Reitertrupp einen halben Tag braucht, und dann warten, warten, warten ... Mit ziemlicher Sicherheit finden Sie keinen Dummen, der seinen Urlaub opfert, um Ihnen den Kram hinterherzukarren.

Vielleicht können Sie ja doch einen Freiwilligen verdonnern, aber selbst dann muß die Lösung nicht glücklich sein. Wenn die Gruppe immer wieder mit dem Troßfahrer zusammentreffen muß, geht das sehr auf Kosten der Spontaneität – vor allem, wenn man die Dienste des Chauffeurs auch in der Mittagspause in Anspruch nehmen will. Und eigentlich lohnt sich die Sache nur dann. Doch das bedeutet: Sie müssen sich spätestens am Morgen anhand der Karte auf einen Rastplatz festlegen, der per Auto erreicht werden kann. Bleibt fraglich, ob dieser Treffpunkt dann besonders idyllisch ist und ob er sich überhaupt für eine Mittagspause mit Pferden eignet. Außerdem muß die Reitergruppe peinlichst genau darauf bedacht sein, den vereinbarten Ort halbwegs pünktlich zu erreichen. Als gäb's im Alltag nicht Termindruck genug ...

AUTARK MIT VORDERPACKTASCHEN?

Wenn Sie Wert auf Unabhängigkeit legen, bleibt Ihnen also nicht viel anderes übrig,

Rutschfest: Damit die Vorderpacktasche nicht nach vorne auf die Pferdeschulter rutscht, wird sie mit einer Schnur am Steigbügelschloß fixiert.

Kein Zurück: Ein Riemen, der unter dem Sattelblatt zur Gurtstrippe führt, verhindert das Zurückrutschen der Vorderpacktasche.

als den gesamten Hausrat aufs eigene Roß zu laden. Nur wie?

Das A und O beim Bepacken: Sie müssen das Kunststück schaffen, zehn bis zwölf Kilo zusätzliches Gewicht gleichmäßig auf die gesamte Sattel-Auflagefläche zu verteilen (und dabei die Sitzfläche freizuhalten). Auch eine Packtasche, die samt Inhalt nur ein paar Kilo wiegt, verändert die Druckverhältnisse auf dem Pferderücken eklatant – je nachdem, wo sie liegt.

Darum ist es auch nicht sinnvoll, nur den hinteren Bereich des Sattels zu beladen. Vor dem Reiter hat auch noch ein bißchen Gepäck Platz. Sie werden dort nur kleine Packtaschen unterbringen, die Sie dafür mit Schwergewichten (etwa mit dem Beschlagswerkzeug) füllen können, um wenigstens annähernd auf das Gewicht zu kommen, das hinten am Sattel hängt.

Egal, was für einen Sattel Sie besitzen: Sie werden wahrscheinlich keine Vorderpacktaschen finden, die richtig gut daran passen. Ohne Nachbesserungen kommen Sie selten aus. Denn die Ansprüche an die Vorderpacktaschen sind hoch: Geräumig, aber nicht zu groß sollen die Dinger sein. Sie dürfen nicht vor dem Sattel auf der Pferdeschulter aufliegen oder gar auf dem druckempfindlichen Widerrist, sondern sie müssen auf dem Sattel Platz finden – auf dem schmalen Streifen, der vor Ihrem Bein noch frei ist. Und dort dürfen die Biester nicht baumeln und schlackern, sondern sie sollen festsitzen wie angeklebt. Damit sie diese Voraussetzungen erfüllen, werden Sie an nahezu allen Taschenmodellen zusätzliche Riemen anbringen müssen.

Geeignete Vorderpacktaschen finden Sie nicht unbedingt im Reitsportgeschäft. Wahrscheinlich werden Sie im Outdoor-Laden eher fündig. Besonders gut sind nämlich Nylon-Seitentaschen geeignet, die eigentlich für die Nachrüstung von Rucksäcken gemacht sind. Diese Beutel bestehen aus stabilem, halbwegs wasserdichtem Gewebe, sind meist schon mit Ringen oder Schlaufen für Befestigungsriemen versehen und haben die richtige, längliche Form. Und vor allem: Sie kosten nicht die Welt.

Mit einem kleinen Karabinerhaken hängen Sie die Packtasche im Vorderzeug-Ring des Sattels (unterhalb des Vorderzwiesels) ein. Am Westernsattel sitzt dieser Ring oft zu tief, dann können Sie die Packtasche auch ans Horn hängen.

Jetzt liegt der Beutel schon ganz gut, fängt aber zu schlackern an, sobald sich das Roß in Gang setzt. Vorderpacktaschen treten gerne die Flucht nach vorne an und liegen dann auf der Pferdeschulter, wo sie wahrhaftig nichts verloren haben. Das läßt sich verhindern. Wie, das hängt vom Sattel ab. Bei Modellen ohne Sattelblatt – etwa bei Westernsätteln, bei denen nur die Fender die Reiterbeine vom Pferd trennen – hält ein Riemchen die Packtasche hinten, das unter dem Fender hindurch zum Ring des Sattelgurts führt.

Bei konventionellen Trachten-, Militär- oder Wanderreitsätteln ist diese Befestigungsvariante nicht möglich. Bei diesen Modellen hat es sich bewährt, einen Schnürsenkel von der Vorderpacktasche zur Bügelriemen-Öse zu spannen. Auch das hält den Beutel davon ab, auf die Pferdeschulter zu rutschen.

Jetzt müssen Sie die Packtaschen noch an der Flucht nach hinten hindern: Es ist nicht besonders angenehm, wenn einem der Beutel mit dem Hammer und der Zange darin bei jedem Schritt gegen den Oberschenkel knallt.

Bei Vielseitigkeitssätteln oder ähnlichen Modellen geht das leicht: Führen Sie einen Riemen von der vorderen Packtaschen-Kante unters Sattelblatt, und befestigen Sie ihn am Sattelgurt. Bei Westernsätteln kann man, wenn die Tasche am Horn hängt, jetzt den tiefer angesetzten Vorderzeug-Ring nutzen, um dem Beutel zusätzlichen Halt zu geben.

Natürlich können Sie Ihren Sattel auch ohne großen Aufwand mit weiteren Ösen versehen – an den Stellen, an denen Sie welche brauchen. Meist reicht es schon, mit einem Locheisen ein kleines Loch ins Leder des Sattelblattes zu stanzen, durch das bei Bedarf ein Lederriemchen oder Schnürsenkel gezogen wird. Dieses Löchlein fällt kaum auf und beeinträchtigt weder die Funktionstüchtigkeit noch die Stabilität des Sitzleders. Allerdings mindert es den Wiederverkaufswert. Greifen Sie also nur zum Locheisen, wenn Sie mit Ihrem Sattel alt werden wollen.

Ob es nun um die vorderen Packtaschen geht oder um die hinteren: Linker und rechter Beutel dürfen niemals mit einem Steg verbunden sein, der direkt auf dem Pferderücken liegt – etwa auf dem Hals vor dem Widerrist oder im Bereich der Lendenwirbelsäule. Mit einer solchen Konstruktion würden Sie den Schwerpunkt des Gewichts auf die Wirbelsäule Ihres Vierbeiners legen. Nicht umsonst sind alle Sättel der Welt so konstruiert, daß sie diesen empfindlichen Bereich freihalten: Mit den Muskeln soll das Pferd tragen, nicht mit den Knochen.

Befestigen Sie also alles Gepäck direkt am Sattel, der das Gewicht hoffentlich so verteilt, daß die Wirbelsäule von vorne bis hinten frei bleibt.

DIE SACHE MIT DEM GLEICHGEWICHT

Ehernes Gesetz: Bei Packtaschen-Paaren müssen beide gleich schwer sein. Wenn Sie Packtaschen mit Verbindungssteg besitzen, gibt es eine einfache Methode für das Auswiegen: Legen Sie sich den Steg auf den Unterarm, und lassen Sie das Taschenpaar einige Male auf- und abhüpfen. Dann merken Sie sofort, auf welche Seite es rutscht. Bei Taschen ohne Steg müssen Sie die Waage zu Rate ziehen.

DIE HINTEREN PACKTASCHEN

Die Vorderpacktaschen sitzen möglichst fest am Sattel und wackeln kaum mehr? Sehr

Erst zieht man den mittleren Riemen für die Gepäckrolle durch den Schweifriemenring, ...

... dann legt man den Verbindungssteg der Hinterpacktaschen über die Trachten ...

gut – dann können Sie sich der hinteren Hälfte Ihres Pferdes zuwenden. Große Packtaschen haben direkt hinter dem Reiterbein Platz, dürfen aber nur so breit sein, daß sie die Bewegung der Pferde-Hinterhand nirgendwo behindern. Das heißt, sie müssen kurz vor Hüftgelenk und Flanke enden. Wenn Sie ein Pony der Sorte quadratisch-praktisch-gut besitzen, kann's eng werden ...

Auch hier bestimmt der Satteltyp die Form der Packtasche. Praktisch sind Doppeltaschen, die mit einem Steg verbunden sind. Allerdings nur, wenn Ihr Sattel Hintertrachten hat, auf denen dieser Steg liegen kann. Direkt auf dem Pferderücken oder irgendwo zwischen Sattel und Decke hat er nichts verloren.

Wenn Ihr Sattel keine Trachten hat, trennen oder schneiden Sie den Verbindungssteg zwischen den Taschen am besten ab, und nähen Sie statt dessen je zwei Ringe für Riemchen oder Karabiner an den oberen Rand der Packbeutel. Wenn Sie vor dieser Arbeit zurückschrecken, lassen Sie's den Sattler oder Schuster machen. Mit den Ösen können Sie die Taschen direkt an die Packringe am Hinterzwiesel des Sattels hängen. Natürlich kommt diese Lösung auch für Trachtensättel in Frage. Der Vorteil: Kein Steg verdeckt dann die weiteren Packringe, die Sie wahrscheinlich noch für die Mantelrolle brauchen. Bei Taschen mit Steg muß man

Löcher in letzteren schneiden, um die Packringe des Sattels hindurchfädeln zu können. Außerdem wird das Gewicht der Packtaschen – je nach Sattelkonstruktion – in der Regel besser verteilt, wenn man die Taschen separat seitlich am Sattel befestigt.

Ansonsten hat der Verbindungssteg allerdings auch Vorteile: Erstens werden beim Bepacken automatisch beide Taschen gleichzeitig aufgelegt. Das verhindert, daß Ihnen der locker gegurtete Sattel plötzlich entgegenkommt. Außerdem lassen sich die zusammengeschnallten Taschen viel besser über die Schulter hängen und von der Pferdekoppel zum eigenen Quartier tragen.

Natürlich haben auch die hinteren Packtaschen die fatale Neigung, sich in alle möglichen Richtungen zu bewegen und keinesfalls dort zu bleiben, wo man sie hingelegt hat. Den meisten Herstellern scheint diese Tatsache nicht bekannt zu sein. Jedenfalls geizen sie mit zusätzlichen Befestigungsriemen. In diesem Fall müssen Sie wieder selbst Hand anlegen oder

... und fixiert die Packtaschen mit Karabinern oder Riemen am Hinterzwiesel des Sattels.

Ihren Schuster mit weiteren Aufträgen beglücken.

Modelle mit Verbindungssteg müssen zusätzlich oben an jeder Tasche mit mindestens einer Öse versehen sein, die am Packring des Hinterzwiesels befestigt wird. Sonst tritt der Steg nebst Taschen die Flucht auf das Hinterteil des Pferdes an.

Die meisten Firmen zeigen so viel Einsehen, diese Öse mitzuliefern. Sparsamer sind die Hersteller, wenn's darum geht, den unteren Teil der Satteltasche am Platz zu halten. Die Wanderschaft der Beutel nach hinten läßt sich allerdings leicht unterbinden: durch ein Riemchen, das von der vorderen Taschenkante waagrecht zur Sattelgurtschnalle führt. Wenn dieses sinnvolle Teil an Ihren Packtaschen fehlt, können Sie leicht Abhilfe schaffen: Stanzen Sie ein kleines Loch in die Tasche und ziehen Sie einen schmalen Lederriemen oder einen stabilen Schnürsenkel durch, dessen anderes Ende Sie an der Gurtschnalle festbinden.

Hundertprozentig fest sitzen die Taschen damit dummerweise noch lange nicht. Es sei denn, Sie wollen nur auf ebenen Pfaden und ausschließlich im Schritt durch die Lande ziehen. Wer ein bißchen flotter reiten oder auch mal einen Steilhang bewältigen will, muß sein Gepäck richtig auf dem Vierbeiner festzurren.

Schlecht befestigte Packtaschen knallen dem Pferd in schnelleren Gangarten ständig gegen die Flanken und bringen damit selbst das sanftmütigste Roß auf Hochtouren. Damit das nicht passiert, ist ein weiterer Gurt fällig: der Bauchriemen. Viele Reiter verzichten darauf, und die Pferde gewöhnen sich irgendwann an das ständige Geklapper. Aber besonders angenehm kann's nicht sein. Also lieber noch eine Schnalle mehr.

Der Bauchriemen verbindet die Unterkanten beider Taschen. Er wird so verschnallt, daß er mit ganz leichter Spannung am Pferdebauch anliegt. Sie werden ihn im Laufe eines Wanderreittages mehrfach kontrollieren und gegebenenfalls nachgurten müssen, denn im hinteren Bereich des Pferderanzens macht sich Gewichtsverlust zuerst bemerkbar.

Wenn das Packtaschenpaar nicht mit einem Bauchgurt ausgestattet ist, müssen Sie nachrüsten. Ein alter, noch in-

SPITZE SACHEN WEG VOM PFERD!

Achten Sie beim Bepacken der hinteren Taschen darauf, daß harte oder spitze Gegenstände nicht auf der dem Pferd zugewandten Seite verstaut werden. Das Notbeschlagswerkzeug in den Vorderpacktaschen bringen Sie am besten nicht auf der Seite unter, die unter Umständen Kontakt mit Ihrem Oberschenkel haben könnte. Das erspart Vier- und Zweibeinern blaue Flecken.

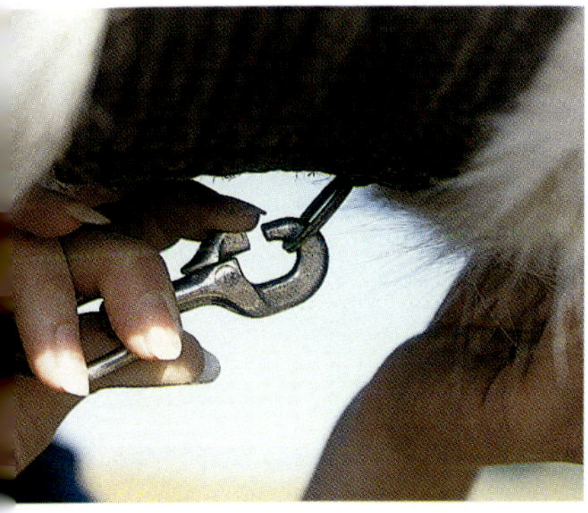

Der Verbindungsriemen zum Packtaschen-Bauchgurt wird in den Vorderzeugring am Sattelgurt eingehakt.

takter Steigbügelriemen kann hier seinen zweiten Frühling erleben. Die stabilste Variante: Nähen Sie den Gurt in die Naht der Packtasche mit ein. Auf die rechte Seite kommt das lange Lederstück mit der Schnalle, auf die linke Seite der gelochte Riemen zum Einschnallen. Am besten befestigen Sie noch eine Lederplatte unter der Schnalle, damit das Metall nicht direkt auf dem Pferdefell liegt (siehe Zeichnung auf Seite 133).

Kaum haben Sie das eine Problem gelöst, stehen Sie auch schon vor dem nächsten: Speziell bei tonnenbäuchigen Ponys rutscht der Packtaschen-Bauchriemen ständig nach hinten und kitzelt den Vierbeiner im Genitalbereich. Zudem erfüllt der Riemen seinen Zweck nicht mehr, wenn er sonstwo herumschlackert.

Diesem Mißstand können Sie entgegenwirken, indem Sie eine weitere Strippe straff vom Packtaschen-Bauchgurt zum Sattelgurt führen.

Schlaufen Sie einen einigermaßen stabilen Lederriemen um den hinteren Bauchgurt, messen Sie den Soll-Abstand zum Sattelgurt aus, und bringen Sie den Verbindungsriemen auf diese Länge. Ans andere Ende der Strippe kommt ein Karabinerhaken. Damit können Sie den Verbindungsriemen am Vorderzeugring des Sattelgurtes einhaken.

Wie – da ist kein Ring? Schon möglich. An Westerngurten ist er meist serienmäßig vorhanden, an „normalen", englischen Sattelgurten aber nicht. Dann können Sie das zweite Ende des Verbindungsriemens ebenfalls mit einer Schlaufe versehen, durch die der Sattelgurt gezogen wird.

Wenn Sie ein Packtaschen-Modell erwischt haben, bei dem der Verbindungsriemen fest am Bauchgurt befestigt ist, sollten Sie das andere Ende des Riemens unbedingt mit einem Karabinerhaken versehen. Befindet sich dort nämlich eine Schlaufe, dann müssen Sie jedesmal den Sat-

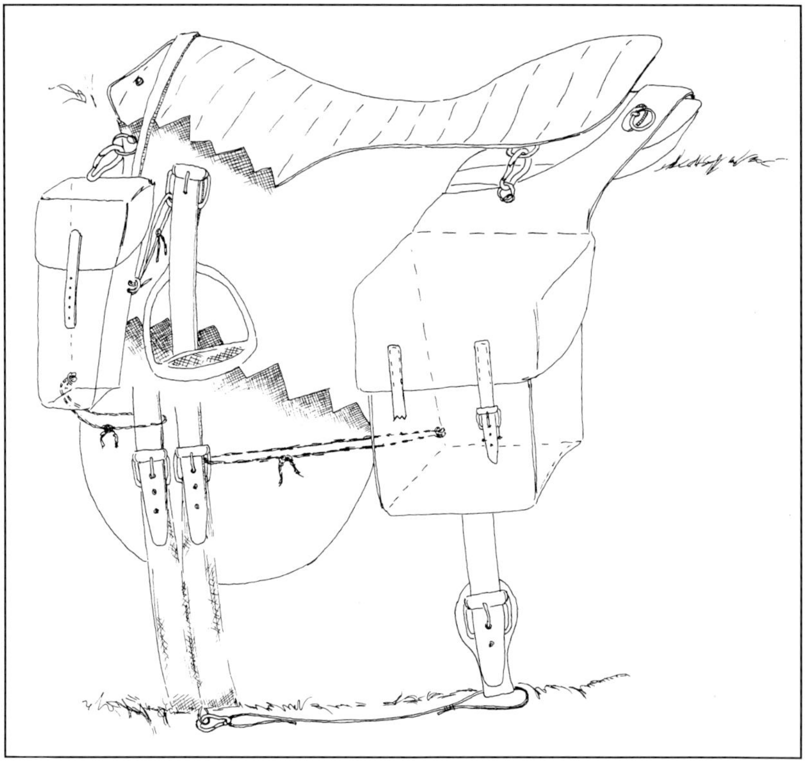

Bepackter Trachtensattel: Die Vorderpacktaschen sind mit einem Karabiner am Vorderzeugring befestigt, ein Verbindungsriemen über den Vorderzwiesel gibt zusätzliche Stabilität. Ein Lederriemchen, das unter dem Sattelblatt zum Gurt führt, verhindert ein Verrutschen nach hinten. Eine zweite Lederstrippe verbindet die Vorderpacktasche mit dem Steigbügelschloß oder der Bügelriemen-Schnalle. So kann die Tasche nicht nach vorne auf die Pferdeschulter rutschen. Der Verbindungssteg der hinteren Packtaschen liegt auf den Trachten des Sattels, ein Karabinerhaken oder Riemen fixiert die Taschen dort. Ein Lederriemchen, das unter dem Sattelblatt von der Tasche zum Sattelgurt führt, verhindert ein Verrutschen nach hinten. Damit die Taschen nicht gegen den Pferdebauch schlagen können, werden sie mit einem Bauchgurt stabilisiert, den man mit dem Sattelgurt verbindet. Ein Karabinerhaken am Ende des Verbindungsriemens wird in einen Schlüsselring eingehakt, der oberflächlich durchs Sattelgurtgewebe gezogen wurde.

telgurt lösen, wenn das Pferd schon fast fertig bepackt ist – eine extrem umständliche Lösung. Besonders freut sich der Wanderreiter, wenn das liebe Tier in dieser Situation einen Ausfallschritt macht und Sattel samt Taschen zu Boden befördert. Da hilft nur eins: langsam bis 30 zählen, tief durchatmen und mit dem Packen wieder von vorne anfangen ...

Die Lösung mit dem Karabinerhaken ist in solchen Fällen also deutlich praktischer, und das heißt: Wo kein Ring am Sattelgurt ist, muß eben einer hin. Beim Standardgurt aus Nylonschnur ist das kein Problem: Fädeln Sie einfach einen Schlüsselring durch ein paar Schnüre des Gewebes – auf der dem Pferd abgewandten Seite, versteht sich. Soll noch ein Schutzüberzug über den Gurt, wird dieser eben mit einem kleinen Schlitz für den Ring versehen. Bei Sattelgurten aus Leder oder Baumwolle genügen kräftiges Garn und eine stabile Nadel, um den Ring mit ein paar Stichen zu befestigen. Die zehn Minuten Arbeit lohnen sich auf alle Fälle – sie ersparen Ihnen jede Menge Zeit und Nerven bei künftigen Packaktionen.

DER PACKSACK

Jetzt ist Ihr Roß mit zwei Paar Packtaschen versehen, und noch immer wartet jede Menge Gepäck auf seine Unterbringung: der Regenmantel, der Schlafsack und wahrscheinlich noch ein bißchen sperriger Kleinkram. Etwa die Ersatzjeans oder das Säckchen mit dem Kraftfutter für die Mittagspause.

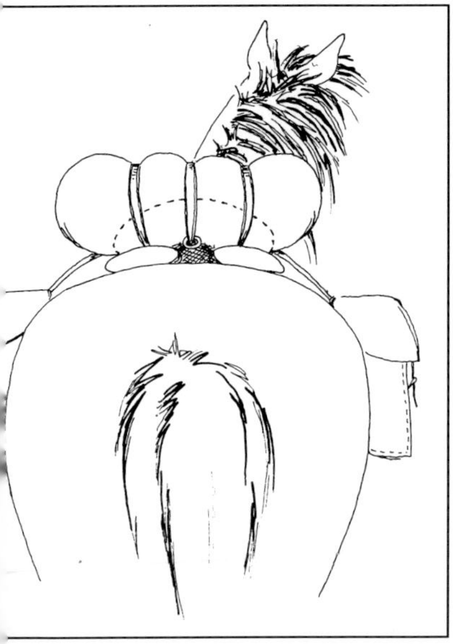

RUNDE SACHE

Schlüsselringe lassen sich in die kleinsten Schlaufen bequem einfädeln – es lohnt sich immer, ein paar davon in der Packtasche zu haben. Sie eignen sich prima als zusätzliche Befestigungsringe am Sattelzeug.

Alles außer dem Regenmantel stopfen Sie am besten in einen Kajakbeutel. Die Dinger bestehen aus robusten, verschweißten Lastwagenplanen, sie sind absolut wasserdicht und im Outdoor-Geschäft erhältlich. Wenn Sie alles reingefüllt haben, sollte eine nicht allzu dicke, dafür eher lange Wurst herauskommen. Die legen Sie nun über die Trachten des Sattels und zurren sie mit drei Riemen stramm fest: Je eine Strippe führt links und rechts durch den Packring am Sattel, die dritte durch den Schweifriemenring.

Beim Strammziehen dieser Riemen dürfen Sie sich benehmen wie im Bodybuilding-Studio: Der Packsack muß so festgezurrt werden, daß er quasi über dem Pferderücken „schwebt“ und

Bepacktes Pferd von hinten: Der Packsack wird so kräftig festgezurrt, daß er nicht direkt auf dem Pferderücken aufliegt. Besonders wichtig ist der mittlere Riemen, der die Rolle so zusammenknautscht, daß sie nicht mit der Wirbelsäule in Berührung kommt.

Rolle rückwärts: Die Gepäckrolle wird auf die Trachten aufgelegt.

nicht auf der ungeschützten und wenig tragkräftigen Lendengegend des Rosses aufliegt. Voraussetzung ist, daß sowohl die Packringe am Sattel als auch die Spannriemen und ihre Schnallen solchen Kraftmeiereien standhalten. Wenn nicht, haben Sattler und Schuster gepfuscht und müssen nachsitzen.

Die Riemen links und rechts geben der Packwurst Halt und verhindern (hoffentlich) jedes Verrutschen. Die mittlere Strippe wäre eigentlich überflüssig, hätte sie nicht die wichtige Funktion, den Kajaksack über der Wirbelsäule noch mal kräftig zusammenzuknautschen und damit diese Partie zu entlasten. Wenn die weich gefüllte, relativ leichte Packwurst den Pferderücken links und rechts ein bißchen berührt, ist das kein Drama.

Ob Sie den Regenmantel vor sich auf den Sattel schnallen oder als Extrarolle hinten auf der Packwurst befestigen, ist Geschmackssache. Vorne läßt sich das gute Stück besser vertäuen – da ist eben noch mehr Platz –, und bei einem Wolkenbruch haben Sie eine reelle Chance, an den Regenschutz heranzukommen, bevor Sie völlig durchweicht sind. Allerdings kann die Rolle vorne bei der Zügel-

Geschafft: Zwischen den Packtaschen ist gerade noch Platz für den Reiter.

führung ziemlich lästig werden. Da hilft nur Ausprobieren.

DIES & DAS RUNDHERUM

Selbst wenn der Packsack prall gefüllt ist und die Satteltaschen vollgestopft sind: Wahrscheinlich ist immer noch jede Menge Kram unterzubringen. Zum Beispiel die Erste-Hilfe-Ausrüstung. Die stopfen Sie sinnvollerweise nicht in eine der Packtaschen: Das schönste Notverbandszeug hilft dem gestürzten Reiter wenig, wenn das Pferd gerade mit der gesamten Ausrüstung auf dem Buckel über alle Berge verschwindet.

Deshalb sollte ein Mitglied der Wanderreitergruppe die Erste-Hilfe-Ausrüstung – oder zumindest die wichtigsten Teile davon – am Körper tragen. Gut geeignet sind dafür Bauchtaschen mit Gürtel, die es für wenig Geld überall zu kaufen gibt.

Sperriges Zeug wie das lange Anbindeseil, den heißgeliebten Emaillebecher oder den ohnehin ständig nassen Schwamm können Sie mit ein paar Lederstrippen außen an die Packtaschen binden. Natürlich ist es nicht sinnvoll, das arme Pferd von oben bis unten zuzuhängen. Aber ein paar „Außenborder" darf's schon geben. Dann sieht die Sache wenigstens so richtig stilecht aus ...

DIE FÜHRSTRICK-WURST

Natürlich können Sie den Führstrick unterwegs einfach um den Hals Ihres Pferdes binden – aber wahrscheinlich ist dem Pferd der ständig herumbaumelnde schwere Haken nicht besonders angenehm. Die Skizze zeigt, wie Sie aus dem Seil eine kompakte „Wurst" machen können, die sich leicht an einem der Packringe des Sattels festhaken läßt.

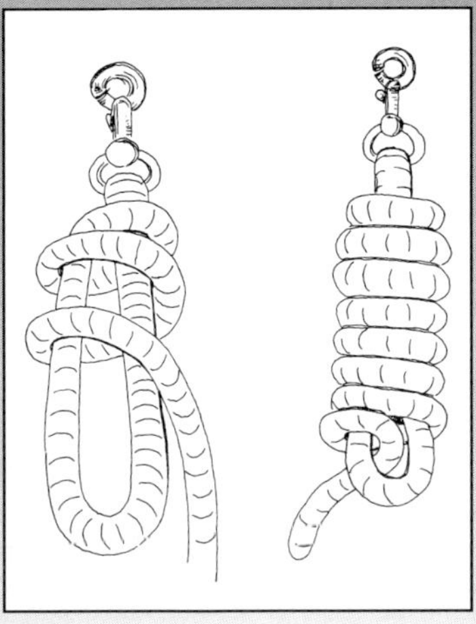

KLEINER BASTEL- UND REPARATURKURS

Um ein paar Lederarbeiten werden Sie als werdender Wanderreiter nicht herumkommen. Sie halten sich für untalentiert? Macht nichts: Oft brauchen Sie nicht mal Nadel und Faden, sondern nur ein scharfes Bastelmesser oder eine Lochzange, um Riemen zu verbinden.

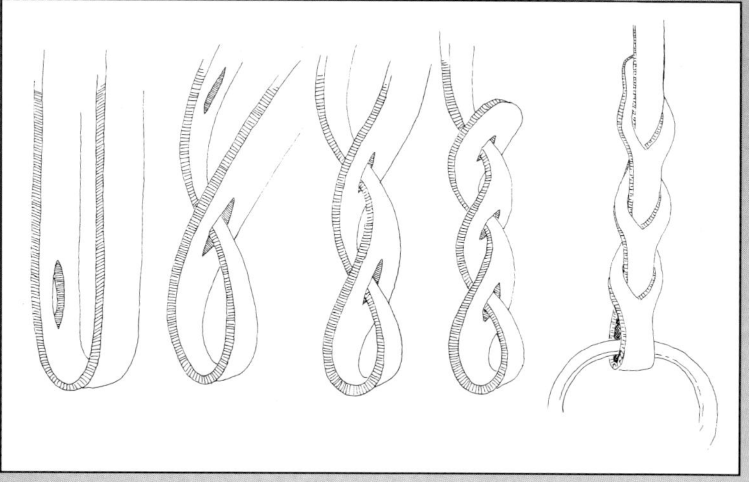

So können Sie eine stabile Schlaufe, etwa für einen Karabinerhaken, in einen Lederriemen einbauen: Erst wird das lange Ende durch einen Schlitz im kurzen Ende gezogen, dann das kurze Ende durch einen Schlitz im langen Ende. Und dann kommt wieder das lange Ende durch einen Schlitz im kurzen Ende – fertig. Zwei Schlitze im Leder reichen auch, während ein einzelner die Sache zu instabil machen würde.

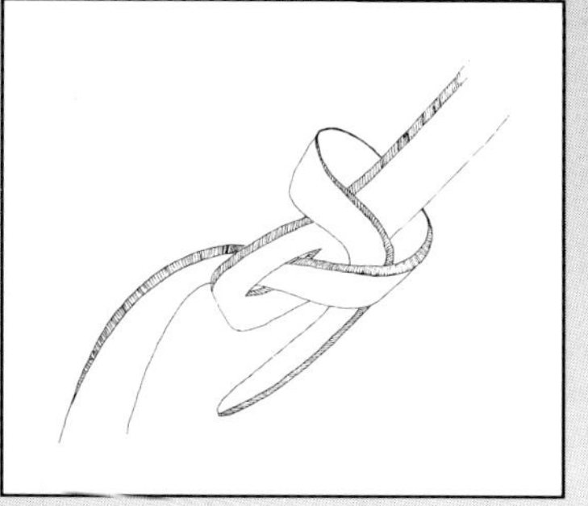

So entsteht eine in der Länge verstellbare Verbindung zwischen zwei Lederriemen, etwa für ein Kopfstück.

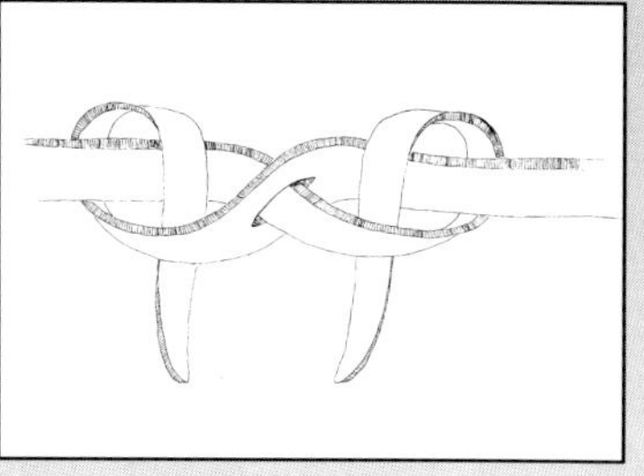

Noch eine in der Länge verstellbare Verbindung zwischen zwei Riemen – etwas stabiler als die andere Variante, weil der Schlitz weiter vom Ende des Riemens entfernt ist.

(Abdruck mit freundlicher Genehmigung der Zeitschrift CAVALLO)

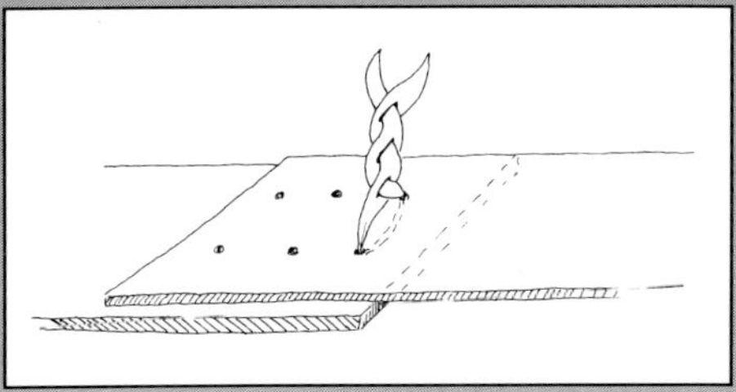

Schnell gemacht, schön und haltbar: Einen gerissenen Riemen können Sie ebenfalls mit dieser Art von Lederknoten reparieren – Sie brauchen allerdings zusätzlich ein Locheisen und Lederbändchen mit einer Breite von drei bis fünf Millimetern.

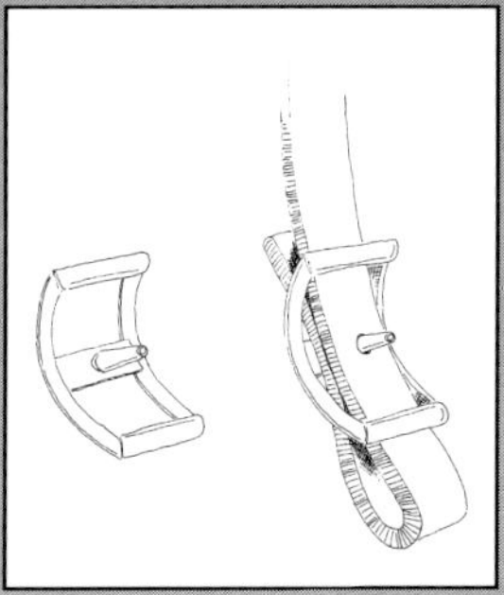

Genial einfach: Mit Schiffchen-Schnallen können Sie leicht verstellbare Lederverbindungen schaffen, ohne eine Schnalle einnähen zu müssen.

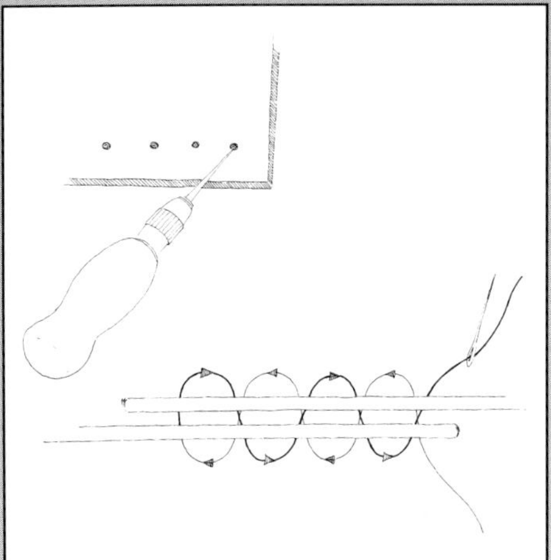

Wenn Sie die klassische Methode bevorzugen und die Lederstücke zusammennähen wollen, gehen Sie am besten so vor:

1. Kleben Sie die beiden Stücke mit Lederkleber aneinander.
2. Bohren Sie die Nadellöcher mit der Ahle vor.
3. Nähen Sie im normalen Grundstich bis zum Ende der Naht – und auf der anderen Seite des Leders wieder zurück, wobei Sie die gleichen Löcher verwenden wie auf dem „Hinweg".

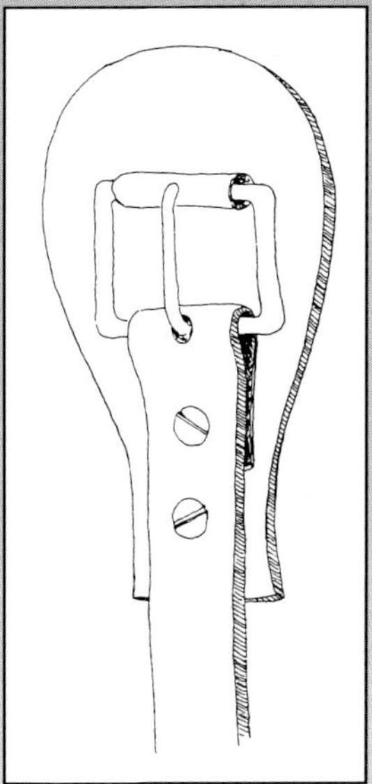

Mit Schraubnieten können Sie zum Beispiel die Schnalle des Packtaschen-Bauchgurts zum Pferd hin abpolstern, indem Sie eine breitere Lederplatte unterlegen.

PROBIEREN GEHT ÜBER STUDIEREN

Proberitte mit Sack und Pack sind für die Entwicklung des perfekten Packsystems unabdingbar. Aber wahrscheinlich hatten Sie ohnehin nicht vor, den ganzen Kram ungeprüft auf Ihr Roß zu laden und dann zu einer Dreiwochen-Tour zu starten. Schließlich muß sich auch Ihr Vierbeiner an das Gepäck gewöhnen. Während die besonnenen Vertreter ihrer Art auf Anhieb den Eindruck erwecken, sie seien als Gepäckträger zur Welt gekommen, rasten andere Pferde erst mal völlig aus, wenn's an ungewohnten Stellen rubbelt, scheppert und klappert.

Sie können solche Panikanfälle eindämmen, indem Sie das Gepäck wirklich solide, fest und pferdeschonend am Sattel vertäuen, aber ganz ausschließen lassen sie sich nicht. Machen Sie Ihr Pferd also in aller Ruhe mit der ungewohnten Last vertraut, damit es nicht durchdreht: Unternehmen Sie erst mal ein paar Spaziergänge mit dem bepackten Vierbeiner, bevor Sie aufsitzen.

Altgediente Wanderrösser wissen freilich Bescheid. So manches vierbeinige Pulverfaß schaltet prompt zwei Gänge zurück, wenn es die Packtaschen auf dem Buckel spürt: „Oh-oh, das riecht nach viel Arbeit, besser nicht auf den ersten vier Kilometern gleich alle Energie verpulvern ..."

Geben Sie die Hoffnung nicht auf, auch wenn das Bepacken anfangs elend viel Zeit in Anspruch nimmt und Ihr Pferd Sie mit einem Blick mustert, der deutlich zeigt, daß es an Ihrem Verstand zweifelt. Ständig werden Sie feststellen, daß diese Packvariante doch sehr verbesserungswürdig und jene Methode noch nicht so ausgereift ist. Sie werden Materialschlachten führen, Sattler und Packtaschenhersteller mit Flüchen belegen und schließlich feststellen, daß Ihnen nur eines hilft, um alles so hinzubekommen, wie Sie es sich vorstellen: Was ein echter Wanderreiter ist, der tüftelt lebenslänglich weiter – auf der Suche nach dem noch genialeren Patent, nach der ultimativ-individuellen Ideallösung für die Gepäckverstauung. Schließlich gibt's nichts auf der Welt, was sich nicht noch verbessern ließe ...

PACKTASCHEN IM EIGENBAU

Die beste Ausrüstung ist eine maßgeschneiderte: Wenn Sie Spaß am Tüfteln haben, können Sie aus allem möglichen Satteltaschen bauen.

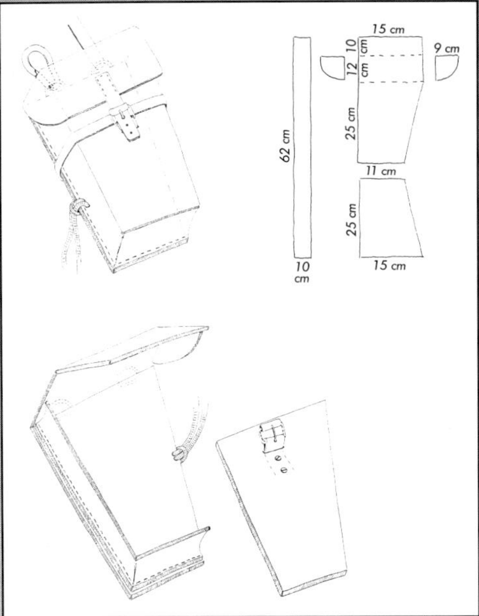

Geräumige City-Rucksäcke oder Fahrradpacktaschen aus Leder und/oder Nylon haben beispielsweise eine gute Grundform und lassen sich zu brauchbaren Satteltaschen umgestalten.

Traditionalisten setzen natürlich auf Leder. Für Packtaschen sollte es eineinhalb bis zwei Millimeter dick sein (kann man beim Schuster bestellen). Außerdem brauchen Sie ein scharfes Bastelmesser, Schnallen, Lederleim, eine Ahle zum Vorbohren der Nahtlöcher, Locheisen oder Lochzange, eine robuste Nadel, stabiles Garn, Geduld und etwas handwerkliches Geschick.

Hier sehen Sie zwei „Baupläne" – für Vorderpacktaschen (oben) und für Hinterpacktaschen (rechts).

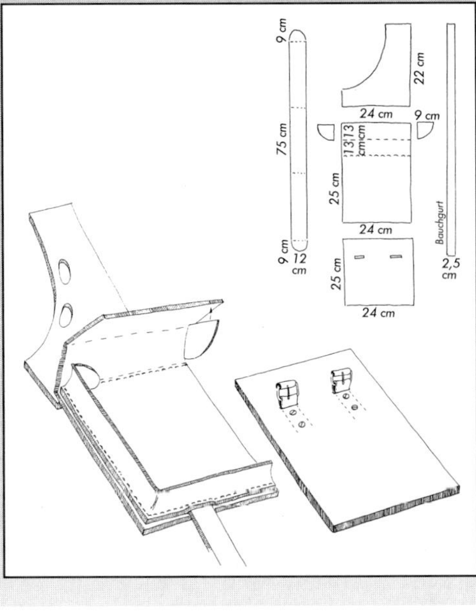

WENN NOCH PLATZ IST: HILFREICHES & PRAKTISCHES

Hier finden Sie ein paar nützliche Dinge, die Sie nicht mitnehmen müssen – aber falls Sie wider Erwarten noch Platz haben, ist es nicht schlecht, sie dabeizuhaben:

- ein etwa zehn Meter langes, dünnes Bergsteigerseil. Eine schlaue Sache für größere Gruppen, denn an einem zwischen zwei Bäumen gespannten Seil können Sie ziemlich viele Pferde festmachen. So können die Pferde auch besser fressen, als wenn sie direkt an einem Baum angebunden sind.

- Isomatte: macht die Übernachtung in einer harten Stallgasse oder auf einer nassen Wiese wesentlich angenehmer. Praktisch und vom Packmaß her erträglich sind die ultraleichten Matten, die sich von selbst aufblasen.

- Mini-Elektrozaun-Set: besteht aus vier zusammensteckbaren Pfosten nebst Isolatoren und Spanngummis, etwa 40 Metern Litze und einem Gerät, das etwa so groß ist wie eine Coladose und mit Taschenlampen-Batterien betrieben wird. Keine billige Anschaffung! Falls die Pferde eine so mickrige Abgrenzung respektieren, läßt sich damit wunderbar ein Paddock für eine erholsame, ausgedehnte Mittagspause oder notfalls auch mal für die Nacht abstecken. Allerdings sollten Sie den Besitzer der Wiese vorher fragen ...

- Esbit-Kocher und Kochgeschirr: Ein warmes Mittagessen hat schon seine Vorzüge, wenn Sie's tatsächlich schaffen, das Esbit-Feuer in Gang zu halten. Allerdings: Für viel mehr als das Aufwärmen von Dosenravioli eignet sich die Minimal-Küchenausrüstung nicht. Mahlzeit!

- Zelt: Damit sind Sie auch bei schlechtem Wetter relativ autark – aber da Sie ohnehin auch Ihre Vierbeiner unterbringen und nach einem legalen Zeltplatz suchen müssen, können Sie genausogut nach einem Schuppen oder Heuboden zum Übernachten fragen.

- Taschensäge: Damit können Sie Wege freilegen, die nur noch auf der Karte existieren. Normalerweise lassen sich umgestürzte Bäume aber auch irgendwie umgehen – oder der Weg ist so zugewuchert, daß es ohnehin Tage dauern würde, ihn neu zu bahnen.

- dünne Plane, etwa vier mal vier Meter: gut geeignet als Unterlage auf tau- oder regennassen Picknickplätzen oder – in Verbindung mit dem Seil – zum Bau eines provisorischen Regendachs für die Mittagspause.
- Hufschuhe: brauchbarer Ersatz für ein verlorenes Hufeisen oder als Schmutz-Schutz bei Hufverletzungen.
- Flachmann: Nein, Sie sollen keine Sauftour unternehmen – aber nach fünf Stunden Dauerregen geht ein Schlückchen Schnaps durchaus als Medizin durch.
- Miniwecker: praktisch, wenn Sie zur Gattung der Langschläfer gehören und trotzdem vor der großen Mittagshitze aufwachen wollen.

WO BIN ICH, UND WO GEHT'S LANG?

Wie man lernt, eine Landkarte von einem Schnittmuster zu unterscheiden, warum man den Kompaß nicht unbedingt unter der Hochspannungsleitung zu Rate ziehen sollte und was man tut, wenn man völlig die Orientierung verloren hat.

Darf ich auch mal die Karte haben?" Aber natürlich – ich bin froh, das Ding loszusein.
Lisa wirft einen wissenden Blick auf den Plan und übernimmt die Führung. Fünf Minuten später hält sie verwirrt ihr Pferd an: „Seltsam ... hier müßte doch eigentlich dieser Weg abzweigen ..."
Ich gucke ebenfalls auf die Karte. „Äh, ohne dir nahetreten zu wollen: Das ist nicht das Symbol für einen Weg, sondern für die Starkstromleitung, unter der wir stehen."
„Ach so." Lisa studiert den Plan. „Dann nehmen wir eben diesen Weg hier!"
„Lisa, das ist ein Bach ..."

Es war für die Fernsehsendung „Verstehen Sie Spaß?": Die Leute mit der versteckten Kamera hielten wehrlosen Passanten ein Schnittmuster aus einem Modeheft unter die Nase und fragten süffisant: „Können Sie mir zeigen, wie ich zum Bahnhof komme?" Der Streich funktionierte: 90 Prozent der Opfer studierten angestrengt den Plan und glaubten schließlich, in der Nahtvorgabe für den Hosensaum die Wilhelmstraße zu erkennen.

Der Alphabetisierungsgrad im deutschsprachigen Raum mag ja extrem hoch sein, aber mit Stadtplänen und vor allem mit Landkarten stehen überraschend viele Menschen auf Kriegsfuß. Zwar ist der Durchschnitts-Autofahrer leidlich in der Lage, dem Straßenatlas den günstigsten Weg von Bonn nach Berlin zu entnehmen. Überdimensionale Straßenschilder bieten schließlich auch dem kurzsichtigsten Verkehrsteilnehmer genügend Orientierungshilfen.
Anders sieht die Sache aus, wenn der zivilisationsgeschädigte Zeitgenosse mit einer topographischen Karte in freier Natur seinem Schicksal überlassen wird. Erstens fehlen an den Feldweg-Kreuzungen die unübersehbaren Hinweistafeln, die dem Reisenden klarmachen: Hier geht's nach Holzminden, und es sind noch drei Kilometer. Zweitens: Während die allermeisten Straßen irgendwo hinführen, wo man Passanten nach dem weiteren Weg fragen kann, haben Wald- und Wiesenwege die unangenehme Neigung, einfach mitten in der Pampa aufzuhören.

Drittens haben die wenigsten Menschen Kartenlesen als Schulfach genossen, und die hohe Kunst wird auch sonst eher selten gelehrt. Der Profi ist also in der Regel Autodidakt. Und viertens empfehlen sich satellitengesteuerte Routenplaner, die desorientierte Autofahrer sicher zum Ziel leiten, nicht als Bordcomputer für den Pferderücken.

Dem führungslosen Wanderreiter in unbekannter Gegend bleibt also nicht viel anderes übrig, als einen der rar gesäten Kurse im Kartenlesen zu besuchen oder sich das Ganze selbst beizubringen. Es sei denn, er will Kilometer um Kilometer an Straßen entlangreiten. Auch das soll's geben. Solche Wanderreiter brauchen allerdings alle zwei Wochen einen neuen Beschlag für ihr Pferd und vermutlich alle fünf Jahre ein neues Roß.

WELCHER KARTENMASSSTAB?

Wenn Sie sich abseits der Autotrassen bewegen wollen, sind Karten in den Maßstäben 1:50.000 oder 1:25.000 die beste Wahl. 1:50.000 bedeutet, daß ein Zentimeter auf der Karte in der Realität 50.000 Zentimetern, also 500 Metern entspricht. Zwei Zentimeter auf dem Papier stehen für einen Kilometer in der Natur.

Im Maßstab 1:25.000 stellen vier Karten-Zentimeter einen „echten" Kilometer dar.

Straßenkarten haben meist einen Maßstab von mindestens 1:200.000 (fünf Millimeter für einen Kilometer). Da bleibt kein Platz mehr, um jeden Feldweg einzuzeichnen. Die Dinger sind eben für Autofahrer gemacht.

Als Anfänger im Kartenlesen besorgen Sie sich am besten erst mal Pläne in beiden Maßstäben von Ihrer heimischen Reitregion und studieren die Legenden, also die Zeichenerklärungen, die auf die Randspalten aufgedruckt sind. Schon dabei ergeben sich die ersten Unterschiede zwischen den beiden Maßstäben. Bei 1:25.000-Karten steht in der Regel ein einfacher Strich für einen Pfad. Wiesenwege, auf denen Traktoren fahren können, sind durch zwei gestrichelte Linien gekennzeichnet. Ist der Weg proviso-

Spurensuche: Kartenlesen ist nicht jedermanns Sache.

risch befestigt, wird eine der Linien durchgezogen; wenn beide Striche durchgezogen sind, handelt es sich um eine asphaltierte oder solide geschotterte Strecke. Ist eine der beiden Linien fettgedruckt, so haben Sie's mit einer Verkehrsstraße zu tun.

Karten im Maßstab 1:50.000 machen nicht so feine Unterschiede – hier gibt's den Pfad oder die Schneise (eine gestrichelte Linie), den unbefestigten Weg (eine durchgezogene Linie) oder den befestigten Weg (zwei Linien). Verkehrsstraßen sind wiederum fett eingezeichnet.

Mit welchem Maßstab Sie besser klarkommen, müssen Sie selbst entscheiden. Für lange Touren brauchen Sie ungeheuer viele 1:25.000-Karten (oft zwei Stück am Tag), so daß der Maßstab 1:50.000 oft die praktischere Lösung ist. So groß, wie es auf den ersten Blick scheint, sind die Unterschiede zwischen den beiden Maßstäben gar nicht. Auf den meisten 1:25.000-Karten sind nicht mehr Wege verzeichnet als auf ihren vermeintlich weniger detaillierten großen Schwestern. Eine Ungenauigkeit haben beide Maßstäbe gemeinsam: Die Karte sagt Ihnen nur, in welchem Zustand ein Weg bei der letzten kartographischen Überarbeitung war. Möglicherweise ist die Strecke inzwischen längst asphaltiert, zurückgebaut oder nicht mehr vorhanden. Wenn Sie Pech haben, befindet sich dort, wo Ihre Landkarte noch idyllischen Wald ausweist, mittlerweile ein Autobahnkreuz. Und womöglich ist die Brücke, die laut Plan über den Bach führt, inzwischen

RÄDELN SIE MAL!

Für wenig Geld bekommen Sie im Outdoor-Shop Kilometerrädchen, mit denen Sie auf der Karte auch „krumme" Strecken ziemlich genau abmessen können. Solche Rädchen haben Meßskalen für bis zu zehn verschiedene Karten-Maßstäbe und passen in jede Hosentasche.

schon zusammengebrochen. Die jüngsten Überarbeitungsdaten sind am Rand der Karte vermerkt. Das Wissen, daß Ihr Modell schon zehn Jahre auf dem Buckel hat, nützt Ihnen allerdings wenig, solange kein aktuellerer Plan auf dem Markt ist. Da hilft nur eins: Betrachten Sie die Karte als unersetzliche Orientierungshilfe, aber nie als exaktes Abbild der Wirklichkeit.

IM DSCHUNGEL DER SYMBOLE

Immerhin: Berge, Flüsse und Ortschaften befinden sich in aller Regel auch nach 200 Jahren noch an der gleichen Stelle. Außerdem weist die Legende neben Wegen und Straßen weitere Orientierungshilfen aus: Wälder sind in Grün gehalten, freies Feld in Weiß. Waldränder sind durch gepunktete grüne Linien markiert, Weinberge durch grüne Striche.

Blau steht logischerweise für Wasser. Jeder Tümpel muß sich auf der Karte wiederfinden, ebenso Brücken, Stege (über deren Tragkraft sich die Kartenzeichner leider ausschweigen), Personen- und Autofähren sowie Furten. Praktischerweise sind auch Sumpfgebiete verzeichnet, und sei's nur, damit man sie großräumig umreiten kann.

Gute Orientierungspunkte, da weithin sichtbar, sind Hochspannungsleitungen – darge-

Fortschritt: Wo die Karte grünen Wald ausweist, entsteht leider gerade ein Industriegebiet.

stellt durch haarfeine schwarze Linien mit Pfeilen. Hilfreich sind auch eigens verzeichnete Auffälligkeiten wie Kirchen, Ruinen, Sportplätze, Gedenksteine, Steinbrüche, Naturdenkmäler, Wasser-Hochbehälter, abgelegene Scheunen, Aussiedlerhöfe, Schutzhütten oder Aussichtstürme. Historische Stätten wie Ringwälle oder Grabhügel dagegen erkennt man auf der Karte meist besser als in natura, weil sie in der Regel so zugewuchert sind, daß man drüberfallen muß, bevor man sie bemerkt.

Karten mit eingezeichneten Wanderwegen sind oft Gold wert – vorausgesetzt, das Wegenetz in der betreffenden Region ist gut gepflegt. Dann kann man sich wenigstens ungefähr zusammenreimen, wo man sich befindet, wenn man im Wald plötzlich ein blaues Dreieck an einem Baum entdeckt.

Es gibt auch Symbole, die man auf dem Plan gerne übersieht – zum Beispiel die Markierungen für Steilböschungen oder Zäune. Solche eingezeichneten Details werden Sie erst dann bemerken,

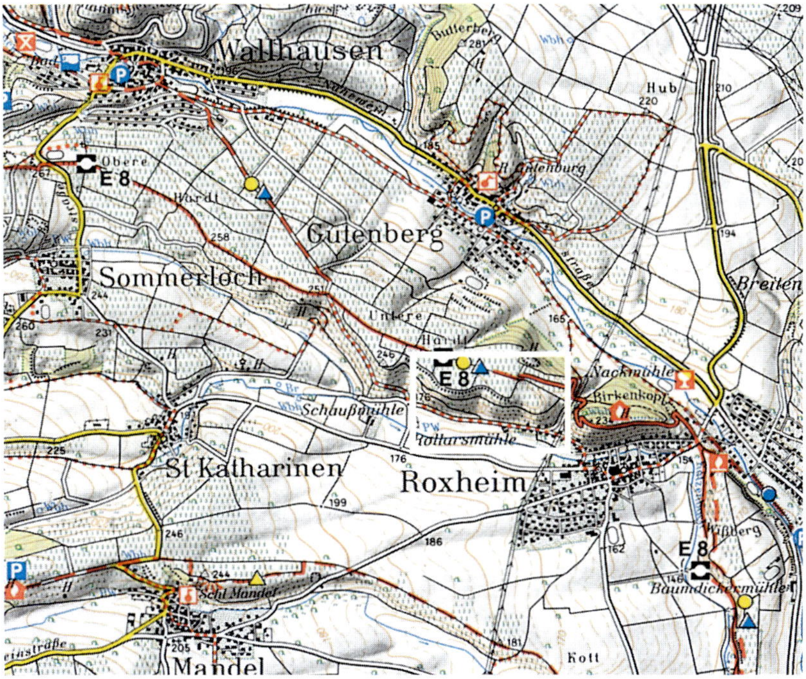

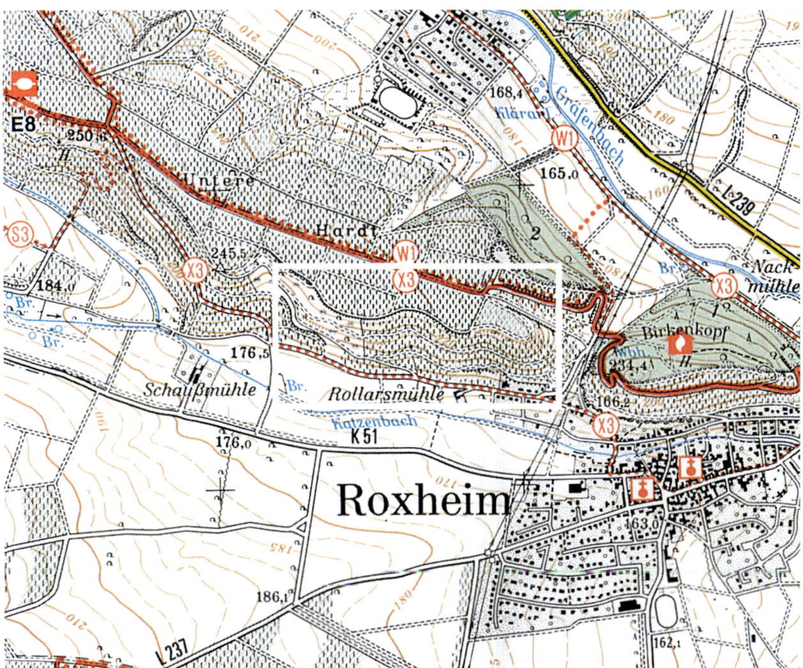

Überblick: Die rot markierten Kartenausschnitte stellen die Landschaft dar, die auf dem Foto zu sehen ist. Oben eine Karte im Maßstab 1:50.000, unten ein 1:25.000-Plan.

(Abdruck der Kartenausschnitte mit freundlicher Genehmigung des Landesvermessungsamtes Rheinland-Pfalz, Kontrollnr. 272/97. Oben Ausschnitt aus der Topographischen Karte mit Wanderwegen 1:50.000 „Der Soonwald" und unten Ausschnitt aus der Topographischen Karte mit Wanderwegen 1:25.000 „Mittlere Nahe")

wenn Sie wutschnaubend mit Ihrem Roß vor einem entsprechenden Hindernis stehen ... Spätestens in fremdem Gelände werden Sie feststellen, daß es sich lohnt, sich mit der Karte vertraut zu machen und nicht ständig in der Legende nachsehen zu müssen. Am besten lernen Sie die Symbole stur auswendig. Allzu viele sind's ja nicht. Gewöhnen Sie sich an, auf sämtliche Details zu achten, nicht nur auf die Wege. Erst durch den Zusammenhang ergibt sich ein stimmiges Bild. Wenn das Wegkreuz in natura dem auf der Karte gleicht, aber kein Wald dort ist, wo einer sein sollte, dann sind Sie vermutlich falsch.

MACHEN SIE MAL BLAU!

Gucken Sie bei der Routenplanung auf der Karte nach dünnen blauen Linien – führt vielleicht ein Weg daran entlang? Bachtäler sind fast immer recht idyllisch, und außerdem fällt die Orientierung dort leicht. Breit und blau heißt Fluß – und der wird oft nur von Bahnlinien und Bundesstraßen begleitet, selten aber von schönen Reitwegen.

DIE HÖHENLINIEN

Am wichtigsten sind jene unscheinbaren braunen Linien, die Genaueres über Steigung und Gefälle verraten. Kaufen Sie nie, nie, nie eine Karte ohne Höhenlinien – mit solchen Modellen können Sie als Wanderreiter nichts anfangen.

Wie wichtig die harmlos wirkenden Striche sind, merken Sie spätestens, wenn Sie am Fuß eines Steilhangs stehen und feststellen, daß der Pfad, der so schön kerzengerade nach oben führt, allenfalls für Gemsen begehbar ist. Auf steilen Strecken finden sich mit schöner Regelmäßigkeit Treppenstufen, die niederträchtigerweise nicht in der Karte eingezeichnet sind, den Vierbeiner aber vor gewaltige bis unlösbare Probleme stellen. Faustregel: Je enger die Höhenlinien beieinander liegen, desto steiler ist's. Wenn Sie vor lauter braunen Strichen den grünen Wald darunter nicht mehr erkennen, halten Sie sich und Ihr Roß von dieser Gegend lieber fern. Es sei denn, Sie verfügen beide über alpinistische Erfahrung und haben die Kletterausrüstung dabei.

Weil auf der 1:25.000-Karte die Höhenlinien weiter auseinander liegen, wirken sogar extreme Steigungen auf diesem Plan nicht so dramatisch wie auf dem Gegenstück im Maßstab 1:50.000. Überzeugt ist der Reiter dann unter Umständen erst, wenn er den Steilhang vor sich hat.
In der Regel steht eine Linie für zehn Höhenmeter. Bei sachten Steigungen gibt's manchmal auch dünne Zwischenlinien als Fünf-Meter-Marke. Am Fuß der Karte befindet sich eine Skizze mit dem schönen Titel „Neigungsmaßstab". Dort können Sie ablesen, mit welcher prozentualen Steigung und mit welchem Steigungswinkel Sie es zu tun haben, wenn die Höhenlinien enger oder weniger eng beieinander liegen.
In der Praxis nützt Ihnen das Wissen um die mathematischen Hintergründe allerdings nicht allzuviel: Sie werden nicht jedesmal den Taschenrechner auspacken wollen, um nach ausgetüftelten geometrischen Formeln zu errechnen, welche tatsächliche Distanz sich bei einem Kilometer Kartenstrecke und zehn Prozent Gefälle ergibt. Denn wenn Sie's mit Steigungen oder Bergabstrecken zu tun haben, stimmt die Entfernung nicht mehr, die Sie mit dem Kilometerrädchen ausmessen. Je steiler das Gelände, desto mehr Schritte müssen die Pferde machen, um einen Kilometer Luftlinie hinter sich zu bringen. Logisch, denn Erdfaltungen, auf gut deutsch Berge, vergrößern die Erdoberfläche. Im Extremfall, nämlich bei einem Neigungswinkel von 45 Grad, werden aus 1.000 Metern Luftlinie 1.400 Meter Reitstrecke. Vorausgesetzt, Sie sind selbstmörderisch veranlagt und stürzen sich auf geradem Weg abwärts.
Bei solchen Steigungen sind eigentlich nur Serpentinenwege akzeptabel, wodurch sich die Strecke noch mal verlängert. Selbst solche Pfade setzen Schwindelfreiheit bei Roß und Reiter voraus: Wenn's rechts nahezu senkrecht runter und links ebenso steil nach oben geht, darf sich Ihr Vierbeiner wirklich keinen Ausrutscher erlauben ...
Hilfreich sind die Höhenlinien aber nicht nur, um zu ermitteln, von welchen Abgründen man sich besser

fernhält. Sie zeigen zum Beispiel auch, wo sich Täler oder Hochebenen befinden – beide stehen für schönes, ebenes Reitgelände.
Markante, von weitem sichtbare Berge erleichtern die Orientierung. Und wenn Sie sich völlig verirrt haben und verzweifelt auf der Karte nach der Stelle suchen, an der Sie sich gerade befinden, dann spielt nicht nur die Konstellation der Wege eine Rolle, sondern auch die Tatsache, wo's bergauf oder bergab geht.

Hoch hinaus: Wenn die Höhenlinien auf der Karte eng beieinander liegen, führen oft nur noch Serpentinenpfade nach unten.

RICHTUNGSWEISEND: DER KOMPASS

Neben der Karte hilft Ihnen der Kompaß. Es gibt sündhaft teure Modelle mit Klappspiegel, Zahlenskala und jeder Menge anderem Schnickschnack. Aber wenn Sie nicht gerade die Sahara durchqueren wollen, können Sie auf diese Extras verzichten. Ein preiswertes Modell reicht völlig, Hauptsache, das Gehäuse ist mit einer Flüssigkeit gefüllt, die ein allzu heftiges Zittern der Magnetnadel verhindert. Auch beim Billigkompaß weiß die Nadel, wo Norden ist, und mehr sollten Sie von dem Ding ohnehin nicht erwarten.
Wenn Sie den Kompaß waagrecht halten, pendelt sich die rote Nadel nach Norden ein – jedenfalls fast. Der magnetische Nordpol weicht nämlich um ein paar Grad vom kartographischen Nordpol ab, doch die Differenz ist so minimal, daß sie wirklich nur bei Wüstentouren eine Rolle spielt. In normalem Gelände kann Ihnen die Abweichung schnuppe sein. Denn aufs Grad genau werden Sie die Karte ohnehin nie einnorden.

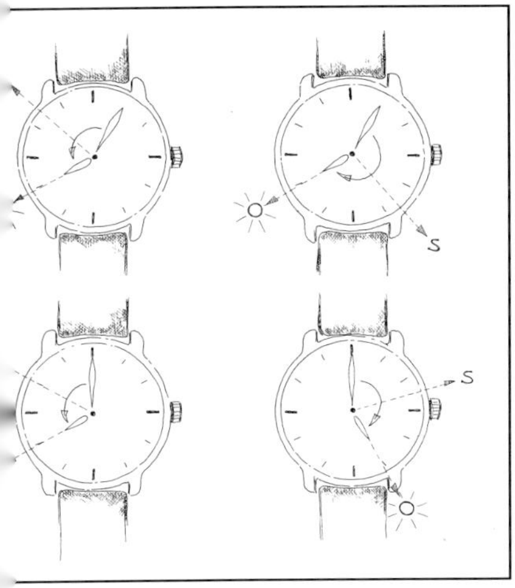

Auf der Karte ist Norden immer oben, Osten rechts, Westen links, Süden unten. Eselsbrücke: Im Uhrzeigersinn gelesen, ergibt sich der sinnreiche Spruch: „Nicht Ohne Seife Waschen!"

Drehen Sie die Karte so, daß die Oberkante in die gleiche Richtung zeigt wie die Kompaßnadel: Jetzt ist der Plan eingenordet. Die Wege auf der Skizze zeigen in die gleichen Richtungen wie in der Wirklichkeit. So läßt sich die Karte leichter lesen, weil Sie nicht im Geiste noch mal alles „auf den Kopf stellen" müssen. Am besten stecken Sie den Kompaß mit in die Kartentasche, so daß Sie Plan und Richtungszeiger immer gleichzeitig im Blick haben können.

REITEN „PI MAL DAUMEN"

Wenn in relativ übersichtlichem Gelände die Wege auf der Karte nichts mit den real vorhandenen Strecken gemeinsam haben – wenn also der Plan hinten und vorne nicht stimmt –, dann können Sie auch „pi mal Daumen" reiten, beziehungsweise „pi mal Kompaß". Die Voraussetzung dafür ist allerdings, daß Sie ziemlich genau wissen, wo Sie sich überhaupt befinden.

Norden Sie die Karte ein, und ermitteln Sie möglichst exakt die Himmelsrichtung, in der Ihr Ziel liegt (die Gradzahl am Rand der Kompaß-Mattscheibe hilft Ihnen dabei). Dann reiten Sie, soweit es die Wege zulassen, stur in diese Richtung. Oder Sie nehmen einen markanten Punkt am Horizont ins Visier, etwa eine Baumreihe, und peilen diesen an. Das klappt freilich nur im freien Feld, wo Sie die nächsten paar Kilometer überblicken können und sehen, wo es Wege gibt, die in die richtige Richtung führen.

Im Wald haben Sie mit dieser Methode leider verloren. Denn mit ziemlicher Sicherheit macht der Pfad, der so

Falls die Sonne scheint und Sie eine Armbanduhr mit Zeiger besitzen, können Sie die Himmelsrichtungen auch ohne Kompaß ermitteln: Drehen Sie die Uhr so, daß der Stundenzeiger genau in Richtung Sonne deutet. Jetzt denken Sie sich einen Winkel zwischen dem Stundenzeiger und der Ziffer 1 (bei Sommerzeit). Die Winkelhalbierende zeigt dann genau in Richtung Süden. Achtung: Vor 13 Uhr müssen Sie den Winkel links von der 1 nehmen (Zeichnung oben links), nach 13 Uhr den Winkel rechts von der 1 (Zeichnung oben rechts) – logisch, denn schließlich steht die Sonne morgens um 8 Uhr anderswo als abends um 8 Uhr. Bei Winterzeit funktioniert das System genauso, nur steht dann die Sonne um 12 Uhr im Zenit und nicht erst um 13 Uhr. Sie müssen also den Winkel zwischen dem Stundenzeiger und der 12 nehmen. Vor 12 Uhr weist die Winkelhalbierende links von der 12 nach Süden (Zeichnung unten links), nach 12 Uhr müssen Sie sich an der Winkelhalbierenden rechts von der Zahl 12 orientieren.

passend nach Nordosten führte, plötzlich einen scharfen Knick und geht dann nach Süden weiter. Das hat mit Murphys Gesetzen zu tun: „Nichts ist so einfach, wie es aussieht, alles dauert länger, als man denkt, und wenn etwas schiefgehen kann, geht es auch schief." Ein Querwaldeinritt wird Sie dann auch nicht retten, denn solche Expeditionen enden in der Regel in undurchdringlichem Unterholz. Ganz abgesehen davon, daß die meisten Förster (zu Recht) entschiedene Gegner solcher Aktionen sind und sich auch kaum dafür begeistern können, wenn der verirrte Wanderreiter energisch zur Machete greift.

Manchmal werden Sie zu der Überzeugung gelangen, daß Ihr Kompaß kaputt ist. Meist ist das ein Trugschluß: Die Anziehungskraft der Pole, die den Richtungsweiser funktionieren läßt, ändert sich nicht von einer Sekunde auf die andere. In aller Regel weiß der Kompaß also besser als Sie, wo Norden ist – vertrauen Sie dem Gerät, auch wenn Ihnen seine Angaben zuweilen recht eigenartig vorkommen. Meist ist der Mensch auf dem Holzweg und nicht das kleine runde Ding.

Allerdings gibt es wirklich einige wenige Situationen, in denen der Kompaß durchdreht – nämlich dann, wenn starke elektromagnetische Wellen im Spiel sind. Das ist etwa unter einer Hochspannungsleitung der Fall und kann auch in der Nähe eines Funkturms passieren. Auf metallenem Untergrund, etwa der Motorhaube eines Autos, verliert der Kompaß ebenfalls leicht die Orientierung. Sind entsprechende Störenfriede in Sicht, sollten Sie die Auskünfte der roten Nadel mit Vorsicht genießen. Möglicherweise fühlt sie sich gerade von anderen Dingen angezogen als vom Nordpol.

ÜBUNG MACHT DEN MEISTER

Reiten lernt man bekanntlich nur durch Reiten – und Kartenlesen lernt man nur durch Kartenlesen. Knöpfen Sie sich also erst mal den Plan Ihres heimischen Reitgebiets vor, suchen Sie darauf den Standort Ihres Stalls, die Grillhütte im Wald, den Picknickplatz bei der Sowieso-Mühle und andere Punkte, die Sie zwar in der Realität, nicht aber auf der Karte kennen. Vergleichen Sie die Skizze mit der Wirklichkeit: Wo gibt es Übereinstimmungen, wo sind Abweichungen? Ist die neu gebaute Umgehungsstraße um Kuhdorf schon eingezeichnet, oder haben Sie's mit einem älteren Plan zu tun? Stimmt es, daß an Bauer Müllers Hof fünf Wege aufeinandertreffen, oder gibt es in Wirklichkeit noch zwei weitere? Ist der Weg, der auf dem Plan so malerisch am Waldrand entlangführt, tatsächlich noch vorhanden oder längst zugewuchert?

Suchen Sie die Wege, die Sie täglich reiten, auf dem Plan. Sie werden schnell feststellen, wie genau oder ungenau die Skizze ist. Und Sie entwickeln nach und nach ein Gefühl dafür, wie die Realität aussieht, die sich hinter den Symbolen verbirgt.

Gibt's auf der Karte Wege in erreichbarer Entfernung, die Sie noch nicht kennen? Dann nichts wie hin: Es ist höchste Zeit, mit Praxistests zu beginnen. Die Karte sollte jetzt zum ständigen Begleiter auf Ihren Trainingsritten werden. Wagen Sie sich in unbekanntes Gelände, kundschaften Sie neue Wege aus, werden Sie selbst fit im Kartenlesen, während Sie Ihr Pferd fit fürs Langstreckenlaufen machen. Angenehmer Nebeneffekt: Gleichzeitig gewöhnen Sie Ihr Roß daran, daß Sie gelegentlich lesend auf seinem Rücken sitzen.

Manche Pferde erleiden nämlich erst mal einen mittleren Nervenzusammenbruch, wenn der Reiter im Sattel einen knisternden Plan entfaltet. Testen Sie die Reaktion Ihres Vierbeiners auf solche Aktionen also zunächst lieber auf einem umzäunten Platz. Wenn Sie allerdings die Grunderziehung und das Nerventraining (siehe Seite 34) ernstgenommen haben, dürfte Ihr Roß nicht die Fassung verlieren. In jedem Fall sollte sich das Tier mit einem beruhigenden „Haaalt" zur Ordnung rufen lassen.

VERIRRT – WAS NUN?

Selbst Profi-Pfadfinder schaffen es ab und zu, sich fast hoffnungslos zu verfransen.

Überraschung: Auf steilen Pfaden werden Wanderreiter immer wieder mit Treppen konfrontiert.

Wenn die Karte uralt, der Wald riesig und die Hälfte der Wege zugewuchert ist, wird die Orientierung zum Lotteriespiel. Was tun, wenn Sie keine Ahnung mehr haben, wo Sie sind?

In übersichtlichem, waldarmem Gelände ist die Sache relativ einfach: Reiten Sie stur nach Kompaß in die Richtung, in der Sie eine Straße oder einen Ort vermuten. Achten Sie auf alles, was Sie auf der Karte wiederfinden könnten: Wegkreuze, Stromleitungen, Wasserläufe, Höhen und Senken, Wasserhäuschen, Böschungen, Waldränder, freistehende Bäume, einzelne Häuser, Sportplätze, Bahnlinien, Teerwege ... Wenn Sie irgendwo eine Ortschaft sehen: Nix wie hin! Im Zweifelsfall sorgt ein Blick auf das Ortsschild für Klarheit. Der Kompaß verrät Ihnen dann, an welchem Ende des Dorfs Sie sich befinden.

Wenn's gar nicht mehr anders geht, können Sie ausnahmsweise auch mal an Feldrainen entlangpirschen. Querfeldeinreiten ist, außer auf Stoppelfeldern, natürlich tabu.

Oder wollen Sie alle Bauern der Welt gegen Wanderreiter aufbringen? Wenn Sie eine Straße erreicht haben, suchen Sie nach deren Nummer. Diese ist in regelmäßigen Abständen an den Leitpfosten angebracht, etwa „K 48“ für die entsprechende Kreisstraße. Die Nummer findet sich auch auf der Karte wieder. Jetzt wissen Sie zumindest ungefähr, wo Sie sind. Der Kompaß kann helfen zu ermitteln, in welcher Himmelsrichtung Sie der Straße folgen mussen und wo vermutlich die nächste Ortschaft ist. Steuern Sie diese an, und bleiben Sie auf der

Straße, bis Sie wieder sicher wissen, wo Sie sich befinden. Wenn man sich ohnehin verirrt hat und dann noch zu experimentieren anfängt, endet die Sache mit Sicherheit im Chaos.

Irgendwann wird sich die Straße mit einer anderen numerierten Teerstrecke kreuzen oder durch eine Ortschaft führen. Im dichtbesiedelten Mitteleuropa kann das nicht lange dauern. Spätestens dann kennen Sie Ihre Position wieder. Notfalls können Sie auch Autofahrer anhalten – in der Hoffnung, daß diese wissen, wo Sie sich gerade befinden. Halten Sie Ihrem Helfer aber möglichst nicht die topographische Karte unter die Nase: Unter Umständen hält der Autofahrer das Papier für ein Schnittmuster ...

TACHO IM KOPF

Um Entfernungen auf der Karte abschätzen zu können, sollten Sie genau wissen, wie schnell Sie in welcher Gangart reiten. Am besten ermitteln Sie das schon zu Hause: Suchen Sie sich eine genau abgemessene Teststrecke aus und stoppen Sie, wie lange Sie dafür im Schritt, im Trab, im Galopp, im Schritt-Trab-Mix und im Schritt-Trab-Galopp-Mix brauchen.

Verfranst: Wenn man sich verirrt hat, hilft oft nur noch die Suche nach dem nächsten Straßenschild.

TRICKS FÜR NOTFÄLLE

Richtig fies wird's, wenn man sich im Wald verirrt. Falls weder Höhenzüge noch Grillhütten, weder Wanderweg-Markierungen noch Bachläufe die Orientierung erleichtern, hilft nur eins: raus aus dem Forst, und zwar so schnell wie möglich. Experimentieren Sie nicht mit Wegen, die so aussehen, als seien sie 100 Jahre nicht mehr benutzt worden. Diese Pfade hören höchstwahrscheinlich irgendwo im Dschungel auf.

Spätestens dann ahnen Sie, was es mit dem Sprichwort „Du bist auf dem Holzweg" auf sich hat ...
Suchen Sie sich statt dessen den fettesten, breitesten, am besten befestigten Weg, den Sie finden können: Bei einer Trasse dieser Art können Sie am ehesten darauf hoffen, daß sie einigermaßen geradeaus durch den Wald führt und in eine Straße mündet.
Wählen Sie die Richtung, die Sie schnellstmöglich aufs freie Feld führt, wo die Orientierung leichter ist. Falls Sie sich also in einem Waldstück befinden, das sich länglich von Westen nach Osten zieht, reiten Sie nach Norden oder Süden. Halten Sie dabei Augen und Ohren offen: Irgendwann kommt bestimmt ein Punkt, den Sie auf der Karte wiedererkennen. Oder Sie hören Verkehrslärm – Autos, Zivilisation! Nichts wie hin, und sei's nur, um die Nummer der Straße rauszukriegen und damit eine ungefähre Ahnung vom eigenen Standort zu bekommen.
In jedem Fall leistet der Kompaß unersetzliche Dienste: Nur mit seiner Hilfe können Sie es verhindern, im Kreis zu reiten. Wenn Sie wirklich völlig orientierungslos sind, hilft es auch, während des Reitens eine eigene Karte zu zeichnen. Darauf müssen Sie den Weg, den Sie gehen, so maßstabsgetreu wie möglich dokumentieren, inklusive aller Geländemerkmale (Steigungen, Wasserläufe, Lichtungen) und vor allem inklusive aller Kreuzungen. Verwenden Sie die gleichen Symbole wie ein „echter" Kartenzeichner, und achten Sie darauf: Norden ist oben, Osten rechts, Westen links, Süden unten. Das maßstabsgetreue Zeichnen (also 1:25.000 oder 1:50.000, je nach Ihrer Originalkarte) ist natürlich nicht ganz einfach, da Ihr Pferd vermutlich nicht mit einem Kilometerzähler ausgestattet ist. Hilfreich ist ein Blick auf die Uhr: Im flotten Schritt legen Pferde etwa 100 Meter pro Minute zurück, im Trab sind es zirka 250 Meter in 60 Sekunden. Millimeterpapier oder kariertes Papier erleichtert die Zeichnerei ungemein.
Nach ein paar einigermaßen exakt kartographierten Kreuzungen haben Sie gute Chancen, Ihren selbstgemalten Plan auf der „echten" Karte

wiederzufinden – dann wissen Sie wieder, wo Sie sind.
Sie können dieses knifflige Orientierungsspiel übrigens auch schon vor dem Wanderritt üben: Lassen Sie sich von einem Mitreiter an eine Ihnen unbekannte Stelle in unübersichtlichem Gelände führen. Versuchen Sie dann, mit Hilfe von Karte, Bleistift, Papier und einem kleinen Erkundungsritt den Standort zu bestimmen.

BLOSS KEINE PANIK!

Oberste Regel: Geraten Sie nicht in Panik, wenn Sie die Orientierung verloren haben! Das ist leichter gesagt als getan, vor allem, wenn man mitten im Wald steht und es allmählich dunkel wird. Um so wichtiger ist es, möglichst schnell eine Straße oder einen Ort zu finden. Halten Sie sich also nicht auf Gedeih und Verderb von jeder Zivilisation fern.
Gehen Sie die Sache mit Gelassenheit an – schließlich kann nicht viel passieren. Ihren Schlafsack und ein bißchen Pferdefutter haben Sie auf einem Wanderritt ja dabei. Im äußersten Notfall müssen Sie und Ihr Vierbeiner also irgendwo im Wald übernachten – sicher nicht schön, aber auch keine Katastrophe.
Daß es soweit kommt, ist allerdings mehr als unwahrscheinlich: Wenn Sie nicht gerade in der sibirischen Tundra unterwegs sind, werden Sie früher oder später Anzeichen von menschlicher Besiedlung finden und jemanden, der Ihnen hilft. Es zwingt Sie ja auch niemand, das verabredete Quartier noch zu erreichen – Sie werden ein anderes finden und feststellen, daß Gastfreundschaft, entgegen aller Unkenrufe, hierzulande kein Fremdwort ist.
Und überhaupt: Solche Abenteuer geben dem Wanderritt die nötige Würze. Dann haben Sie daheim wenigstens was zu erzählen – und wer das Risiko scheut, sollte lieber eine Pauschalreise buchen.

WAS TUN IM NOTFALL?

Warum
man zumindest die
Grundbegriffe der
Ersten Hilfe für Mensch
und Tier beherrschen
sollte und was man tut,
wenn's Zwei- oder
Vierbeiner bitterböse
erwischt hat.

Beas Stimme am Telefon klingt etwas zittrig: „Kannst du ganz schnell kommen und uns abholen? Wir sind alle platt." Tatsächlich haben sich die Pferde zu diesem Zeitpunkt schon prächtig von ihrem leichten Durchfall erholt, den Reitern geht's dafür um so dreckiger: Vier- und Zweibeiner hatten vertrauensselig aus einem Bach getrunken. Und das Ende des 20. Jahrhunderts in Norddeutschland. Der hastig aufgesuchte Arzt in der Ambulanz des Kreiskrankenhauses konnte auch nicht viel mehr tun als sich über soviel Naivität zu wundern und abgestandene Cola sowie Salzstangen zu verordnen ...

Mal ehrlich: Wann haben Sie Ihren letzten Erste-Hilfe-Kurs absolviert? Haben Sie die Sache im Griff, oder würden Sie Ihrem Opfer beim Versuch, eine stabile Seitenlage zu konstruieren, das Genick brechen? Wissen Sie überhaupt noch, wann diese angebracht ist? Nein? Dann sollten Sie im Interesse Ihrer Mitmenschen einen entsprechenden Lehrgang belegen, bevor Sie mit Ihrem Roß auf Tour gehen. Denn theoretisches Wissen allein hilft Ihnen nicht weiter, wenn's hart auf hart kommt. Sie sollten sämtliche Handgriffe auch praktisch üben.

Der Kurs nützt allerdings auch nur dann etwas, wenn der Zweibeiner betroffen ist: Bei einem Pferd glückt eine Mund-zu-Mund-Beatmung leider nur in den seltensten Fällen.

Eins vorneweg: Auch der begabteste Laie wird durch die Lektüre einiger Bücher und den einen oder anderen Crashkurs weder zum Tierarzt noch zum Rettungssanitäter. Es kann Ihnen bei Ihren Erste-Hilfe-Bemühungen also allenfalls um Schadensbegrenzung gehen.

LASSEN SIE SICH HELFEN!

Ihr wichtigstes Erste-Hilfe-Utensil ist deshalb ein Handy: Per Funktelefon können Sie selbst dann einen Veterinär oder Notarzt bestellen, wenn Sie sich mitten im Wald befinden. Vorausgesetzt, Sie sind in der Lage, Ihren Standort präzise zu beschreiben.

Am besten bezieht ein Mitglied der Gruppe an der nächsten Straße Position und lotst

Notruf: Im Ernstfall kann ein Handy Leben retten.

die Helfer von dort aus an den Unfallort. Das klappt allerdings nur bei Gruppen, die aus mehr als zwei Reitern bestehen. Schließlich können Sie einen Verletzten nicht allein im Wald seinem Schicksal überlassen.

Wenn der Unfall auf einer Straße passiert ist, werden sofort so viele Reiter wie möglich abgestellt, um die Unfallstelle zu sichern, Autofahrer zu warnen und sie als Helfer einzuspannen.

Egal, was wo passiert: Zögern Sie im Zweifelsfall nicht, Hilfe anzufordern. Lieber einmal zuviel als einmal zuwenig. Das setzt natürlich voraus, daß Sie wissen, an wen Sie sich wenden können. Am besten lassen Sie sich jeden Morgen vom jeweiligen Gastgeber die Telefonnummer des ortsansässigen Tierarztes und die des Notarztes geben. Beide Telefonnummern, ebenso die der Rettungsleitstelle, sollten aufs Handy geklebt werden. Einspeichern ist nur sinnvoll, wenn alle Gruppenmitglieder die Speichertasten bedienen können. Wenn derjenige, der das Telefon bedient, die Rufnummern sofort im Blick hat, sind zumindest keine zeitaufwendigen Recherchen nötig.

Falls das Handy meutert, müssen Sie wohl oder übel den nächsten Hügel erklimmen – dort klappt's in der Regel wieder. Im übrigen dürfen Sie sämtliche Passanten hemmungslos zum Mithelfen verdonnern – die Leute sind sogar gesetzlich dazu verpflichtet.

ERSTE HILFE FÜR REITER

Bei **Atemstillstand** müssen Sie sofort eine Mund-zu-Nase-Beatmung versuchen! Dazu wird der Kopf des Patienten nach hinten gebeugt und der Mund zugehalten, damit die gespendete Atemluft nicht sofort wieder entweicht. Nach zwei bis drei Atemzügen ist eine Zwischenkontrolle fällig: Atmet das Opfer wieder selbständig?

Bei **Bewußtlosigkeit** bringen Sie das Opfer vorsichtig in die stabile Seitenlage. Dazu beugen Sie ein Bein des Verletzten, legen den gleichseitigen Arm unter den Körper, rollen den Patienten auf diese Seite und legen die andere Hand so unters Kinn, daß der Hals leicht überstreckt wird. So verhindern Sie, daß der Bewußtlose erstickt, etwa durch Erbrochenes oder eine Zahnprothese, die sich gelöst hat. Kontrollieren Sie auf jeden Fall, ob die Mundhöhle frei und die Atmung unbehindert ist.

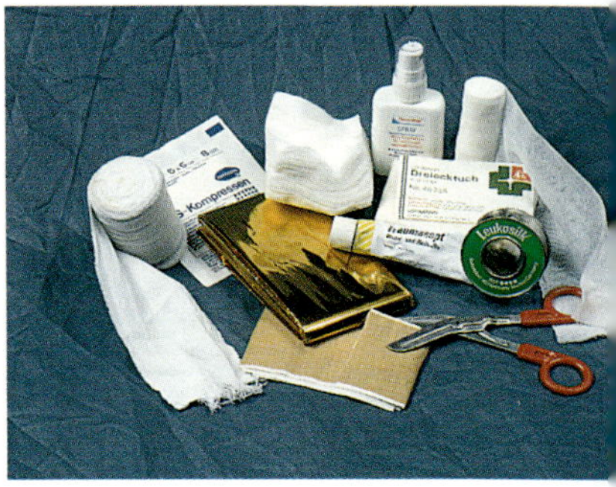

Die Notapotheke: Kompressen und Mullbinden, Bandagen, Dreieckstücher, Leukoplast, Heftpflaster, Verbandsschere und die wichtigsten Medikamente

Ein **Schock** geht fast immer mit einem schwereren Unfall einher. Symptome sind blasse Haut, Frieren, ein extrem schneller, leichter Puls und eine schwache Atmung. Ein Schockpatient soll auf dem Rücken liegen, die Beine werden hochgelegt. Sie können zum Beispiel einen Sattel unter die Waden schieben. Wärme ist wichtig, packen Sie das Opfer also schleunigst in einen Schlafsack oder eine Pferdedecke, und reden Sie beruhigend mit dem Verunglückten.

Symptome einer **Vergiftung** sind Übelkeit und Brechreiz, Schmerzen und Krämpfe. Im Zweifelsfall nützt nur der berühmte Finger im Hals (aber auf keinen Fall, wenn der Patient bewußtlos ist). Wenn mehr hinter der Sache steckt als vorübergehende Übelkeit, muß ein Arzt her.

Gewußt wie: Bewußtlose werden in die stabile Seitenlage gebracht.

Es ist wichtig, zu ermitteln, wodurch die Vergiftung entstanden ist.

Stärkere Blutungen sind nur dann lebensgefährlich, wenn aus der Wunde extrem viel Blut rinnt oder gar spritzt. In diesem Fall müssen Sie das betroffene Körperteil sofort hochlegen und das zwischen Herz und Wunde liegende Blutgefäß mit dem Finger abdrücken. Ist ein Arm betroffen, finden Sie die Abdrückstelle am Oberarm knapp unterhalb der Achselhöhle. Bei Beinverletzungen können Sie dort abdrücken, wo der Oberschenkel in die Leistengegend übergeht. Notfalls können Sie auch in der Wunde selbst abdrücken. Anschließend wird ein Druckverband angelegt: Auf eine sterile Wundauflage kommt das Druckpolster. Geeignet ist zum Beispiel eine zusammengerollte, noch in Plastik eingeschweißte Mullbinde. Dieses Polster wird auf die Wunde gedrückt und mit einer Bandage dort fixiert. Beim Wickeln wird der Druck ständig verstärkt. Stillt auch das die Blutung nicht, können Sie einen zweiten Druckverband darüberlegen. Nur wenn auch das nichts hilft, dürfen Sie die Gliedmaße abbinden: in der Mitte des Oberschenkels oder Oberarms. Achtung: Eine Abbindung darf nur ein Mediziner wieder lösen!

Bei **Brüchen** und **Kopfverletzungen** können Sie als Laie mehr Unheil anrichten als Gutes tun. Wenn Sie sich nicht ganz sicher sind, daß Sie richtig handeln: Verzichten Sie besser auf provisorische Verbände, Armschlingen oder Schienen. Gönnen Sie dem Verletzten statt dessen Ruhe in der von ihm bevorzugten Stellung, und leisten Sie ihm seelisch-moralischen Beistand, bis ein professioneller Helfer da ist. Wenn's irgendwie möglich ist: Lassen Sie nicht zu, daß ein Unfallopfer den Helden spielt und sich aus eigener Kraft ins nächste Quartier schleppt. Und wenn es Sie selbst trifft, dürfen Sie auch getrost erwarten, daß die Helfer zu Ihnen kommen und nicht umgekehrt. Kein Arzt der Welt hält Sie für einen Weichling, weil Sie mit einem gebrochenen Arm nicht mehr reiten.

Aber jeder Arzt der Welt hält Sie für einen hirnverbrannten Idioten, wenn Sie's tun.

Kleinere Verletzungen können Sie selbst versorgen – wenn Sie wirklich sicher wissen, daß nichts Ernstes passiert ist. Legen Sie zunächst einen keimfreien Verband an. Salben oder Sprays gehören nicht in frische Wunden und schon gar nicht in solche, die vielleicht doch noch genäht werden müssen. Irgendwelche Tinkturen dürfen Sie erst auftragen, wenn feststeht, daß die Sache von selbst zu heilen beginnt und kein Arzt sich darum kümmern muß.

Bei **Prellungen, Quetschungen** und **Beulen** lindert rasches Kühlen den ersten Schmerz und hemmt heftigere Schwellungen. Wassergetränkte Mullbinden können gut mit Dreieckstüchern fixiert werden. Achtung: Prellungen im Gelenkbereich sind enorm schmerzhaft – oft schlimmer als Brüche.

Bei **Fremdkörpern in Wunden** sollten Sie besser nicht versuchen, die Eindringlinge zu entfernen. Umpolstern Sie

KLEBEN SIE SICH EINE!

Blasen an Händen und Füßen schmerzen nicht länger und verschwinden schnell wieder, wenn Sie Leukoplast drüberkleben.

Fremdkörper lieber locker mit einem Verband, damit sie nicht bewegt oder tiefer in den Körper gedrückt werden können, und überlassen Sie die Sache einem Arzt. Besonders wichtig ist das, wenn Glassplitter oder andere scharfe Gegenstände ins Auge geraten sind. Falls sich der Fremdkörper nicht ohne Druck und Reiberei ausspülen läßt, sollte der Patient möglichst beide Augen geschlossen halten (notfalls verbinden!), bis er fachkundige Hilfe bekommt.

Hitzschlag und **Sonnenstich** äußern sich durch rote oder blasse Haut, Schwindel, Übelkeit und schlimmstenfalls Bewußtlosigkeit. Dagegen helfen Ruhe mit erhöhtem Oberkörper im Schatten, kalte Umschläge, viel zu trinken. Achtung: Ein handfester Hitzschlag kann bis zum Atemstillstand gehen!

Bei **Sonnenbrand, Blasen, Wundreiten, Kopfweh** und ähnlichen „Zipperlein“ hilft ein Griff in die Sattelapotheke. Gute Besserung!

ERSTE HILFE FÜR PFERDE

Die Erste Hilfe für Pferde unterscheidet sich nicht allzusehr von der für Menschen – allerdings haben Sie beim Vierbeiner auch noch das Problem, ihn von der Notwendigkeit bestimmter Maßnahmen überzeugen zu müssen. Zum Glück gibt's ein paar Akupressur-Punkte, durch deren gezielte Berührung sich ein Pferd zumindest einigermaßen beruhigen läßt.
Pressen Sie mit der Hand die Oberlippe des Pferdes zusammen, und drehen Sie sie etwas hin und her. Sie simulieren damit die Wirkung der „Nasenbremse“, wie sie von Schmieden oder Tierärzten manchmal verwendet wird. Die Pferde halten nicht etwa still, weil der eine Schmerz sie vom anderen ablenkt. Sondern deshalb, weil durch den Druck auf die Oberlippe ein körpereigenes „Beruhigungsmittel“ freigesetzt wird. Gleiches gilt, wenn Sie ein Ohr des Pferdes sanft zwischen zwei Fingern kneten.
Normalerweise läßt sich ein Pferd am ehesten von seinem Menschen, dem Besitzer, beruhigen. Wenn aber der Zweibeiner selber am Rande eines Nervenzusammenbruchs steht, betrauen Sie ihn besser mit anderen Aufgaben ...
Neben der Telefonnummer des nächsterreichbaren Tierarztes sollten Sie einen Hängerfahrer parat haben. Bis jemand von Ihrem Heimatstall gekommen ist, kann's zu spät sein. Im Zweifelsfall rufen Sie in Ihrem letzten oder nächsten Quartier an. Wenn Not am Pferd ist, werden Ihnen alle Pferdeleute der Welt helfen, einen Transport in die nächste Tierklinik zu organisieren. Und wahrscheinlich weiß auch der Tierarzt ein paar Adressen oder hat sogar

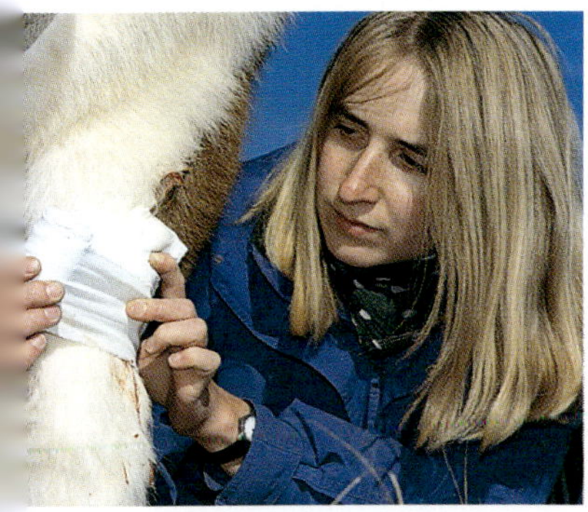

Kleinere Wunden werden mit einem keimfreien Verband geschützt.

einen eigenen „Krankenwagen" für den Vierbeiner.

Für **starke Blutungen, Augenverletzungen, Brüche, Fremdkörper in Wunden** und die Versorgung **kleiner Wunden** gilt bei Pferden im Prinzip exakt das gleiche wie bei Menschen.
Daneben gibt's aber noch andere Gemeinheiten, mit denen sich Vierbeiner herumschlagen müssen:

Der Begriff **Kolik** faßt die verschiedensten Arten von Bauchschmerzen zusammen. So unterschiedlich wie die Auswirkungen sind die Ursachen: falsche oder übermäßige Fütterung, verdorbene Futtermittel, Vergiftung, Verwurmung, Streß. In jedem Fall muß ein Tierarzt her! Das Verdauungssystem eines Pferdes ist extrem empfindlich. Jede Kolik kann tödlich enden.
Ein kolikgeplagter Vierbeiner stellt die Hinterbeine nach hinten weg, hat keinen Appetit, schwitzt aus unerfindlichen Gründen, der Puls überschreitet die Ruhewerte deutlich, das Pferd schlägt mit den Hufen nach seinem Bauch oder sieht sich häufig danach um, will sich hinlegen und heftig wälzen, die Verdauungsgeräusche sind extrem laut oder nicht mehr wahrnehmbar. Vorsicht: Auch wenn einige dieser Symptome fehlen, kann das Pferd Kolik haben. Manche Pferde fressen unverdrossen weiter, und selbst das Absetzen von Kot ist kein Zeichen dafür, daß die Sache überstanden ist.
Bis zum Eintreffen des Tierarztes sollten Sie den Patienten mit einer Decke wärmen und ihn vom Fressen abhalten. Wälzen schadet entgegen der landläufigen Meinung nicht und wird nur dann gefährlich, wenn das Pferd festzuliegen oder sich zu verletzen droht. Bei Verdacht auf eine Vergiftung taugen Kohletabletten aus der Humanmedizin als Erste-Hilfe-Maßnahme. Zehn bis 15 Stück davon können Sie Ihrem Vierbeiner bedenkenlos einflößen: Kohle bindet verschiedene Giftstoffe im Körper.

Zum **Kreuzverschlag**, einer Stoffwechselstörung, kommt es vor allem dann, wenn ein trainierter Vierbeiner mehr

energiereiches Futter in sich hineingestopft hat, als er abbauen kann. Das passiert beispielsweise, wenn ein Roß an einem Ruhetag unverändert viel Kraftfutter bekommen hat.
Das Pferd zeigt Bewegungsstörungen im Bereich der Hinterhand, die Kruppenmuskulatur wird bretthart und schmerzempfindlich, der Urin färbt sich dunkel. Bewegen Sie den Patienten keinen Meter mehr! Halten Sie seine Lendenpartie warm, massieren Sie behutsam die versteifte Muskulatur, und sorgen Sie dafür, daß schleunigst ein Tierarzt kommt.

Wenn es zu einem **Satteldruck** kommt, können Sie den Ritt in der Regel abbrechen und sich ein bißchen schämen, daß Sie nicht schon im Training gemerkt haben, daß der Sattel nicht paßt. Es ist Tierquälerei weiterzureiten, wenn Rücken oder Gurtlage erst mal richtig druckempfindlich sind. Offene Stellen lassen dann meist nicht mehr lange auf sich warten. In den meisten Fällen ist es sinnlos, unterwegs noch mit Schaumstoffpolstern oder anderen Konstruktionen zu experimentieren – es sei denn, Sie haben den Druck sehr früh erkannt.
Hilfreich – auch prophylaktisch – sind Waschungen mit Essigwasser. Vorausgesetzt, Ihre Gastgeber opfern etwas von ihrer Salatwürze ... Mit einem elastischen Deckengurt können Sie einen mit Essigwasser vollgesogenen Schwamm auf der Druckstelle festzurren.
Ribbelstellen in der Gurtlage lassen sich durch einen Gurtüberzug aus „glitschigem" Material, etwa Rehfell, Neopren oder Kunststoff, vermeiden: Dann gleitet der Gurt auf dem Fell, statt zu scheuern.
Eine leicht zu vermeidende Unterart des Drucks sind ödemartige Schwellungen, die sich erst am nächsten Morgen zeigen. Sie tauchen zum Beispiel in der Gurtlage

EIN SCHNITZEL, BITTE!

Hartgesottene Langstreckenreiter schwören bei Gurtdruck auf ein Geheimrezept: Klemmen Sie ein frisches, rohes Kalbsschnitzel zwischen Druckstelle und Gurt. Probieren kostet nur den Fleischpreis ...

auf und können die Größe eines Hühnereis erreichen. Wenn man einfach weiterreitet, sind sie am Abend verschwunden – und am Morgen darauf wieder da. Wer nach einem mehrstündigen Ritt binnen einer Minute alles Gepäck vom Pferd reißt, darf sich über dieses Phänomen nicht wundern: Viel zu plötzlich schießt Blut in die Körperpartien, die bis zu diesem Moment durch den Druck von oben leicht unterversorgt waren. Lassen Sie sich deshalb in der Mittagspause und abends mit dem Lösen des Sattelgurtes und mit dem Absatteln alle Zeit der Welt.

Die Ursache von **Lahmheiten** kann oft nur der Tierarzt feststellen. Häufig handelt es sich ganz einfach um eine durch Überlastung hervorgerufene Sehnenentzündung.
Akute Entzündungen können durch Kühlen gelindert werden, chronische brauchen dagegen Wärme. Manchmal ist ein leichtes Klammgehen einfach nur Ergebnis eines „Vertretens", und es ist am nächsten Morgen oder nach einem Ruhetag und etwas essigsaurer Tonerde verschwunden. In diesem Fall ist Weiterreiten kein Problem. Ansonsten muß das Pferd aufs Krankenlager. Ein Pferd, das ein Bein leicht schont, kann durchaus noch zum nächsten Dorf geführt werden. Wenn Sie dagegen eine schlimmere Verletzung befürchten, sollten Sie den Vierbeiner sofort ruhigstellen.

Bei **großflächigen Wunden** werden Sie ziemlich schnell feststellen, daß Sie mit einer einzigen Bandage nicht weit kommen. Vier oder fünf sollten Sie deshalb schon in der

Im Eimer: Bei akuten Entzündungen hilft das Kühlen des Pferdebeins.

Notapotheke haben, um auch Verletzungen am Rumpf verbinden zu können. Daß bei solchen Verletzungen der Tierarzt her muß, ist Ihnen sicher selber klar. Im allerschlimmsten Fall ist ein Schnitt am Rumpf so tief, daß Innereien austreten. Dann ist ein nervenstarker Mitreiter gefragt, der alles wieder hineinstopft und mit einem Verband sichert.

Bei einem **Nageltritt** dürfen Sie nicht versuchen, den Fremdkörper aus dem Huf zu entfernen. Formen Sie einen Wulst aus Dreieckstüchern um den Nagel, und legen Sie einen Hufverband darüber an, so daß der Vierbeiner sich den Nagel nicht noch weiter eintreten kann. Rausziehen sollte nur ein Tierarzt das Ding.

Wenn ein Roß einen **Hitzschlag** erleidet, gilt das gleiche wie für den Reiter: sofort ruhigstellen, kühlen und viel, aber nicht zu schnell trinken lassen. Kritisch ist die Lage, wenn sich eine zwischen zwei Fingern gebildete Hautfalte nicht sofort wieder strafft und wenn die Schleimhäute im Maul keine gesunde rosa Farbe mehr haben: Dann ist das Pferd dehydriert, hat also schon viel zuviel Flüssigkeit verloren. Spätestens jetzt muß schnellstens ein Tierarzt dazukommen und dem gestreßten Vierbeiner eine Aufbauspritze verpassen. Allerdings läßt sich ein Hitzschlag leicht verhindern: Sorgen Sie besonders an heißen Tagen dafür, daß Ihr Roß alle paar Stunden trinken kann, und ersparen Sie ihm allzu schweißtreibende Arbeit. Eine Handvoll Salz am Tag hilft dem Pferd ebenfalls, seinen Stoffwechsel auf Trab zu halten.

ZEIGT HER EURE SCHUH ...

Verletzungen an der Hufsohle lassen sich gut sauberhalten, wenn Sie einen Hufschuh dabeihaben und Ihrem Pferd das gute Stück darüberziehen. Auch ein Hufverband hält besser, wenn Sie dem Roß außerdem einen Schuh verpassen.

PRO UND CONTRA HUFSCHUTZ

Hufeisen sind Teufelswerk, Tierquälerei, Inbegriff des Bösen ... Dieser Eindruck drängt sich dem unbedarften Laien auf, der die Diskussion um Sinn und Unsinn des Schmiedehandwerks verfolgt. Eine zuweilen recht militant auftretende „Barfuß-Fraktion" beharrt darauf, daß ein Pferd nur dann gesund und glücklich sein kann, wenn es den Boden direkt unter seinen Sohlen spürt.

Fakt ist: Für den gesunden, gut entwickelten Huf ist es grundsätzlich das beste, unbeschlagen zu bleiben – das wird Ihnen jeder vernünftige Schmied bestätigen. Schuhwerk verweichlicht die Füße, das sehen Sie ja an sich selbst: Ihren eigenen Sohlen fehlt es wahrscheinlich an Hornhaut, und Sie können nicht barfuß über einen Schotterweg laufen, ohne sich zu bewegen wie ein Storch im Salat. Weil Sie nicht daran gewöhnt sind, barfuß zu laufen.

Den Pferden geht's da nicht anders: Wenn sie ständig Hufschutz tragen, verweichlicht das Horn. Es wird labil, brüchig, das Wachstum läßt zu wünschen übrig – unter Umständen so sehr, daß der Vierbeiner irgendwann kaum mehr in der Lage ist, barfuß zu gehen. Zudem schränkt der Beschlag die Beweglichkeit des Hufs ein. Der stoßabsorbierende Hufmechanismus wird gehemmt. Die Eisen bringen außerdem zusätzliches Gewicht ans Pferdebein, das sich durch die Fliehkraft vervielfacht. Nach anderthalb bis zwei Monaten sind die abriebgeschützten Hufe so weit nachgewachsen, daß der Schmied die Eisen abnehmen, das Horn zurückschneiden und neu beschlagen muß. Für das Roß bedeutet das: Alle paar Wochen eine Veränderung der Beinstellung, alle paar Wochen neue Schuhe einlaufen.

Soviel zu den Nachteilen. Fakt ist aber auch: Die Natur hat das Pferd mit Hufen ausgestattet, damit es täglich zehn bis zwölf Kilometer von Weidegrund zu Weidegrund ziehen kann. Und zwar meist über grasbewachsenen Boden, auf dem sich das Horn kaum abnutzt. Dagegen hat die Evolution weder sorgfältig geschotterte Forstwege vorgesehen noch einen Wanderreiter, der 25 bis 50 Kilometer am Tag vorankommen will. Kurz gesagt: Für die Belastungen einer mehrtägigen Reittour ist der ungeschützte Pferdehuf nicht geschaffen.

Freilich läßt sich das Horn durch gute Pflege über das normale Maß hinaus abhärten. Viele Pferde brauchen „für den Hausgebrauch" keinen Beschlag. Rösser, die barfuß auf große Tour gehen können, sind dennoch die absolute Ausnahme. Auch aus folgendem Grund: Bei Ritten in vertrauter Umgebung kann der Reiter hufschonende, unbefestigte Wege wählen. In fremder Umgebung dagegen muß er nehmen, was er unter die Füße kriegt. Wenn's dumm läuft, wandern Sie tagelang über Schotterpisten – für ein unbeschlagenes Pferd in der Regel eine Qual.

Spätestens während des Trainings werden Sie merken, wie es um die Hufqualität Ihres Vierbeiners wirklich bestellt ist. Wenn Sie auch nur den geringsten Zweifel an der Unverwüstlichkeit des Horns hegen und wenn Sie nicht ganz genau wissen, daß Sie es unterwegs nur mit weichen Wiesenwegen zu tun haben: Lassen Sie das Pferd beschlagen. Es ist extrem ärgerlich und absolut unnötig, den Ritt nach drei Tagen abzubrechen, weil sich die Hufe mehr abgenutzt haben als erwartet.

Wenn Sie unüberwindliche Aversionen gegen Hufeisen hegen, können Sie's auch mit verschiedenen Alternativen probieren. Kunststoff-Hufschutz zum Aufnageln oder Aufkleben ist groß im Kommen. Andere Reiter schwören auf Hufschuhe, die nur bei Bedarf angezogen werden.

All diese Varianten sollten Sie aber gründlich erproben, bevor Sie damit auf Tour gehen. Hufschuhe zum Beispiel haben die fatale Neigung, sich im ungünstigsten Moment zu verabschieden. Außerdem führen sie leicht zu Scheuerstellen am Ballen oder in der Fesselbeuge, wenn sie nicht hundertprozentig passen.

Kunststoff-Beschläge sind problematisch bei Pferden, die sich die Hufe sehr unregelmäßig ablaufen. Dann ist das Plastik an den kritischen Stellen nämlich ziemlich schnell hinüber, denn gegen die Haltbarkeit eines Eisens kann es nicht anstinken. Da die meisten Kunststoff-Modelle nicht die U-Form normaler Eisen haben, sondern hinten geschlossen und damit eher O-förmig sind, tritt sich das Roß die Beschläge außerdem leichter selbst ab.

Hufeisen sind für das Pferd sicher nicht die natürlichste Sache der Welt. Aber keine Eisen auf einem Wanderritt – das artet schnell in Tierquälerei aus. Lassen Sie Ihren Vierbeiner ruhig barfuß gehen, wann immer es möglich ist. Aber testen Sie die Belastbarkeit des Hufhorns nicht unbedingt auf dem Weg von der Pfalz in die Vogesen.

ENDLICH UNTERWEGS!

Wie man
das Motivationsloch
überwindet und seinen
Vierbeiner bei Laune
hält, wie man sich den
Tag am besten einteilt,
wie man es anstellt,
weder zu verhungern
noch zu verdursten,
und wie man die
Freundlichkeit seiner
Mitmenschen geschickt
nutzt.

Nein, nein, ihr müßt doch nicht oben im Heu schlafen. Macht's euch bei mir im Wohnzimmer gemütlich!"
Wir hätten besser daran getan, das freundliche Angebot unseres Gastgebers nicht anzunehmen. Aber wie hätten wir ahnen sollen, daß besagtes Wohnzimmer bis ein Uhr nachts von der schwerhörigen Großmutter okkupiert wird, die auf Lautstärke zehn Musikantenstadl guckt?
Todmüde sitzen wir vor der tösenden Glotze, sehnen uns nach einem ruhigen Heuboden und warten vergeblich darauf, daß Oma endlich müde wird.

Als Wanderreiter müssen Sie über hervorragende diplomatische Fähigkeiten verfügen: Schließlich haben Sie sich dreist bei wildfremden Menschen eingeladen – es gehört zum guten Ton, den Gastgeber nicht vor den Kopf zu stoßen. Also Volksmusik bis zur Geisterstunde, wenn's denn sein muß.

IM FRÜHTAU ZU BERGE ...

Aber halt, Sie sind ja noch gar nicht losgeritten. Stehen Sie am ersten Tag früh, wirklich früh auf – es wird Stunden dauern, bis Sie loskommen. Die Premiere hat's nämlich in sich: Sie werden sich die Füße wundlaufen auf der Suche nach vergessenen Gepäckstücken, die Satteldecke beginnt plötzlich zu rutschen (was sie bei den Testritten nie getan hat), und das Hufeisen vorne links sieht auf einmal verdächtig locker aus. Ihrem Roß reißt der Geduldsfaden, wenn Sie es zum fünftenmal ent- und wieder bepacken, und Ihnen reißt der Geduldsfaden, weil der Vierbeiner rumzappelt. Ach ja, Tee wollten Sie ja auch noch mitnehmen, wer kocht gerade noch welchen? Und wo um alles in der Welt ist der Hut hingekommen? Sind die Karten auch wirklich komplett? Wer hat den Hufkratzer weggesteckt?
Die Pferde sollten in der Nacht vor dem Start reichlich Gras oder Heu gemümmelt und ihr Kraftfutter mindestens zwei Stunden vor dem Abritt bekommen haben: Satt, aber nicht überfressen sollen sie auf den langen Marsch gehen. Frühstücken und bepacken Sie in aller Ru-

he – wenn Sie chaotisch veranlagt sind, ist das Abhaken einer Checkliste kein Fehler (siehe Seite 115).

An Wegzehrung sollten Sie auch denken, sowohl für sich selbst als auch für den Vierbeiner. Gasthäuser mit stabilen Anbindemöglichkeiten für Pferde sind rar gesät und die Tante-Emma-Läden in den kleinen Ortschaften nahezu ausgestorben: Wenn Sie nicht den ganzen Tag hungern wollen, bauen Sie besser vor. Die meisten Lebensmittel haben leider die Eigenart, sich bei Hitze in einen ekelhaften Pamp zu verwandeln, und die Kühlbox wird wahrscheinlich nicht in die Satteltasche passen. Wählen Sie also Essen, das sich bequem in Plastiktüten verpacken läßt und nicht die Angewohnheit hat, bei einem leichten Temperaturanstieg davonzulaufen. Stellen Sie sich am besten schon mal darauf ein, tagsüber von Keksen, zerbröseltem Knäckebrot, aus der Form geratenen Semmeln, Minisalamis, Hartkäse und pappigen Bonbons zu leben. Als Getränke sind Tees oder Tee-Saft-Mischungen in wiederverwendbaren Aluflaschen aus dem Outdoor-Shop gut zu gebrauchen.

Für Ihr Roß sollten Sie ein bis zwei Liter Kraftfutter in einen Stoffbeutel abfüllen und diesen in den Packsack stopfen: Bedenken Sie, daß Ihr Vierbeiner normalerweise den ganzen Tag über was zu knabbern hat und nun vor lauter Laufen kaum mehr Zeit zum Fressen haben wird. Eine kleine, energiespendende Aufmerksamkeit in der Mittagspause hilft, das Loch im Pferdemagen zu stopfen, und sie macht müde Rösser munter.

KÖRNERFUTTER

Müsli läßt sich prima in den Satteltaschen transportieren, und Joghurt bekommen Sie in jedem Tante-Emma-Laden. Bis zum nächsten Picknickplatz werden Sie den Becher ja wohl noch unbeschadet transportieren können, und der Müsli-Joghurt-Mix gibt ein leckeres und nahrhaftes Mittagessen ab.

DER RICHTIGE REITRHYTHMUS

Wie Sie sich unterwegs den Weg suchen, ist Geschmacks-

Frühaufsteher: Wer täglich 30 bis 50 Kilometer unter die Hufe nehmen will, muß zeitig wach werden.

Los geht's: Wenn Sie regelmäßig Pausen machen, dürfen Sie zwischendurch schon auch mal flotter reiten.

sache. Der eine zeichnet sich die Route vorher mit Leuchtstift in die Karte, der andere hat die Strecke im Kopf. Alle Mitreiter können gemeinsam den schönsten Weg ausgucken – oder einer tut das alleine, und die anderen reiten hinterher und lassen sich überraschen. Wenn Sie die Karte übernommen haben, hilft es, auf dem Kartenknick die Stelle zu markieren, die Sie bis dahin erreichen müssen, um den richtigen Anschlußweg auf dem nächsten Kartenblatt zu erwischen.

Nicht nur für Sie, auch für Ihr Roß krempelt sich das Leben in den nächsten Tagen ziemlich um. Um den Vierbeiner bei der Stange zu halten und den Dauerfresser Pferd nicht völlig aushungern zu lassen, sind viele kleine Pausen sinnvoll. Bewährt – nicht nur für Nordlandponys – hat sich die „isländische Methode“: 50 Minuten reiten, gerne auch mal etwas flotter, dann zehn Minuten Pause. So haben die Pferde zwischendurch immer mal wieder Gelegenheit, zu grasen oder sich kurz auszuruhen. Auf Island legt man in diesem über Jahrhunderte bewährten Rhythmus enorme Strecken zurück.

Eine längere Mittagspause ist trotzdem ein Muß – es sei denn, das Wetter ist so unerfreulich, daß es wirklich nirgends zum Verweilen einlädt. Am nettesten ist es natürlich, einen Gasthof zu finden, bei dem man die Vierbeiner in Sichtweite sicher anbinden kann. Aber, wie schon erwähnt: Solche „Saloons“ sind selten. Dafür gibt es in vielen Dörfern noch den klassi-

Rastplatz: 50 Minuten reiten, zehn Minuten ruhen – das ist der optimale Rhythmus.

schen Anger, eine kleine Wiese im Ortszentrum. In der Regel hat niemand etwas dagegen, wenn dort Reiter rasten, und bei den Nachbarn läßt sich wahrscheinlich auch der eine oder andere Eimer Trinkwasser für die Pferde organisieren. Ansonsten finden sich immer irgendwo Waldlichtungen oder grasbewachsene Feldwege als Picknickplätze. Vielleicht spüren Sie sogar einen Pferdehalter auf, der Ihnen für die Mittagspause eine Koppel zur Verfügung stellt.

Hüten Sie sich allerdings vor eigenmächtigen Aktionen!

Wer sein Roß auf einer derzeit unbewohnten Weide abstellt oder eine Heuwiese zertrampelt, weil gerade die Luft rein ist, bringt nicht nur sich selbst in Verruf – er schadet dem Image der Reiter insgesamt und beschert eventuell nachfolgenden Wanderreitern den aufrichtigen Haß der Einheimischen.

DIE ERFRISCHENDE PAUSE

Vorsicht ist an Feldrainen geboten, wenn sich die Pferde gierig auf das Gras oder auf das Wasser einer Pfütze stürzen: Womöglich hat kurz zuvor ein nicht allzu ökologisch orientierter Landwirt den Boden mit chemischen Mitteln traktiert.

Zwei Stunden sind eine gute Zeit für die Mittagspause. Gönnen Sie den Vierbeinern Erholung: Packen und satteln Sie komplett ab, waschen Sie, wenn Wasser auffindbar ist, den Schweiß aus dem Fell, kontrollieren Sie Beine und Hufe. Das Gepäck auf dem Pferd zu lassen und lediglich den Sattelgurt zu lockern, ist eher gefährlich als sinnvoll. Dann kann der Sattel nach vorne rutschen, wenn der Vierbeiner den Kopf senkt, und das Fell darunter verbiegt sich gegen den Strich: Druckgefahr! Oder die Haut unter dem Sattelgurt verschiebt sich, und Dreck gerät zwischen Fell und Gurt.

Bevor es das Kraftfutter gibt, sollten die Rösser ein bißchen grasen dürfen. Dann ist der größte Hunger gestillt, und die Extraration wird nicht hastig und unzerkaut hinuntergeschlungen.

Wenn Sie ein Elektrozaun-Set dabeihaben und einen Platz finden, an dem Sie einen Minipaddock bauen dürfen, gönnen Sie den Pferden die freie Bewegung. Die lieben Tiere werden sich dann zwar garantiert wälzen und somit vor dem erneuten Satteln eine längere Putzaktion erzwingen. Aber den Spaß sollten Sie den Rössern gönnen.

Wenn kein Paddock verfügbar ist, können Sie auch zwischen zwei Bäumen ein Hochseil spannen und die Pferde daran anbinden. Das ist relativ sicher, und die Rösser haben einen größeren Radius zum Fressen, als wenn Sie sie direkt an einem Baum anbinden. Das Anbindeseil darf stets nur so lang sein, daß die Pferde gerade den Boden erreichen, damit sich kein Roß im Strick verheddern kann. Wegen dieser Gefahr ist auch das Anpflocken mit Vorsicht zu genießen: Fast jedes Pferd verfängt sich früher oder später im langen Seil. Besonders unerfreulich ist die Sache, wenn der Vierbeiner daraufhin ausflippt.

Hobbels, also Fußfesseln, eignen sich ebenfalls nur für Pferde, die wirklich daran gewöhnt sind und trotzdem

GERTE ALS ABSTANDHALTER

Im Straßenverkehr gelten für Reiter weitgehend die gleichen Regeln wie für Autofahrer – das heißt: Gehwege sind tabu, geritten wird am rechten Straßenrand, nachts mit guter Beleuchtung, Richtungsänderungen werden per Handzeichen angezeigt. Praktisch ist eine waagrecht zur Straße hin ausgestreckte Gerte, die überholende Autofahrer auf Abstand hält.

NIE AM ZÜGEL ANBINDEN!

Egal, für wie kurze Zeit Sie Ihr Pferd irgendwo anbinden müssen – benutzen Sie dafür nie Zaumzeug und Zügel, sondern immer Halfter oder Halsriemen. Wenn ein am Zaumzeug angebundenes Pferd erschrickt und versucht, sich loszureißen, kann es sich übel im Maul verletzen – und das Zaumzeug ist mit Sicherheit auch hinüber.

nicht gelernt haben, daß man sich mit den Dingern auch verflixt gut fortbewegen kann. Wer sein Pferd frei laufen läßt im Vertrauen darauf, daß es sich schon nicht allzuweit entfernen wird, spielt Roulette: Niemand garantiert Ihnen, daß sich Ihr sonst so anhängliches Roß nicht auf einmal zu Tode erschrickt und ins Gebüsch entschwindet – oder daß es plötzlich beschließt, daß es keine Lust mehr hat und sich schon mal alleine auf den Nachhauseweg macht. Kaum etwas ist unerfreulicher, als in fremder Umgebung nach seinem Vierbeiner suchen zu müssen.

Wie auch immer Sie die Tiere vertäuen – im Auge behalten müssen Sie sie auf jeden Fall. Fast in jeder Gruppe findet sich ein Ausbrecherkönig, der interessante Ideen entwikkelt, um die Wanderung ohne Reiter fortzusetzen – und der nicht danach fragt, ob Sie Lust haben, die Wanderung ohne Pferd fortzusetzen ...

BITTE ABSTEIGEN!

Die Zeit, die Sie in die Mittagspause investieren, können Sie gut wieder reinholen: Nach der Ruhephase laufen die Rösser plötzlich wieder volle Kraft voraus. Trabstrecken sorgen dafür, daß Sie flott vorankommen, und reißen die Vierbeiner aus der Lethargie des ewigen Schrittreitens heraus.

Passen Sie das Tempo aber auf jeden Fall der Kondition der Vierbeiner und vor allem dem Gelände an. Wo keine weichen Wege sind, muß man eben langsam reiten. Wird der Boden allzu hart, geht's steil bergab oder bergauf? Dann steigen Sie zwischendurch mal ab, und führen Sie Ihren Vierbeiner – er wird's Ihnen danken. Ihr Hintern übrigens auch. Auf Teerstraßen laufen die meisten

Pausensnack: Abgesattelt und am Hochseil angebunden – so können die Pferde die Mittagsrast genießen.

Wanderreiter aus Prinzip nebenher. Erstens schont es die Pferdebeine, zweitens lassen sich viele Pferde leichter beruhigen, wenn ihr Mensch die Füße auf dem Boden hat. Und drittens kommt man bei der Dorfbevölkerung wesentlich besser an: Ein Reiter im Sattel sitzt nun mal auf dem hohen Roß. Ein Reiter zu Fuß bietet dagegen einen mitleiderregenden Anblick, und die Frage nach einem Eimer Wasser für das arme Pferd hat meist durchschlagenden Erfolg: „Natürlich – wollen Sie denn auch was trinken?“

Apropos Wasser: Falls Sie keine wirklich sauberen Bäche oder frisch gefüllte Pfützen abseits überdüngter Felder finden (und das ist ein Lotteriespiel), sollten Sie mehrmals täglich Ortschaften ansteuern, um Trinkwasser für die Vierbeiner zu erbetteln. Vor allem bei Hitze haben die Pferde einen enormen Flüssigkeitsverlust, der ausgeglichen werden muß. Einen Eimer Wasser wird Ihnen kaum jemand verwehren. Wenn die Spender besonders freundlich sind, können Sie auch noch eine Handvoll Salz für Ihre Rösser schnorren, um die Mineralienversorgung zu sichern.

IM NACHTQUARTIER

Teilen Sie sich den Tag so ein, daß Sie mindestens zwei Stunden vor Einbruch der Dunkelheit Ihr Quartier erreichen. Sie werden das Tageslicht noch brauchen. Denn bevor Sie die müden Beine

WASSER MARSCH!

Nutzen Sie gerade an heißen Tagen jede Möglichkeit, Ihr Pferd unterwegs mit einem Schwamm abzuwaschen. Nicht nur verschwitzte Zweibeiner sehnen sich nach Erfrischung ...

ausstrecken dürfen, müssen Sie Ihren vierbeinigen Kumpel versorgen.
Den letzten Kilometer sollten Sie Ihr Pferd führen und dabei ganz allmählich den Sattelgurt um zwei bis drei Loch lockern (aber niemals so weit, daß sich der Sattel samt Gepäck selbständig machen kann). Wenn das Pferd den ganzen Tag sein Packzeug getragen hat und das Ganze dann auf einen Schlag vom Rücken gerissen wird, kann es zu Durchblutungsstörungen kommen (siehe Seite 165). Lassen Sie sich deshalb beim Abpacken und Absatteln viel Zeit. Vom ersten Gurtlockern bis zum Abnehmen des Sattels darf ruhig eine halbe Stunde vergehen. Sie werden keine Probleme haben, sich die Zeit zu vertreiben – bringen Sie einfach schon mal die Packtaschen in Ihr Schlafgemach, inspizieren Sie die Pferdeunterkunft, kontrollieren und waschen Sie die Hufe und Beine, bevor Sie endgültig absatteln.
Wer sein Pferd einfach durch das ihm zugewiesene Tor auf die Gastkoppel schickt, darf sich nicht wundern, wenn die Sache schiefgeht. Überprüfen Sie die Koppel unauffällig, aber sorgfältig, bevor Sie die Vierbeiner darauf entlassen – auch wenn Ihnen der Gastgeber versichert, daß alles in Ordnung ist. Manche Leute haben seltsame Ansichten über die Qualität eines Zaunes. Womöglich weist die vorhandene Einfriedung Lücken auf, die der Besitzer noch nicht kennt. Ihre Pferde werden die Schlupflöcher aber mit Sicherheit sofort entdecken.
Selbst wenn die Weide eine abgenagte Steppe voller verrosteter Landwirtschaftsgerä-

Prost Mahlzeit: Unterwegs müssen Sie mehrmals täglich Trinkwasser für Ihr Roß organisieren.

Eingepackt: Mit einem leichten Deckengurt und einem Lederriemchen an der Brust wird der Woilach zur Pferdedecke.

te mit einem maroden Zaun drumherum ist – machen Sie nicht allzuviel Wind um die Sache, sondern bringen Sie's, so gut es geht, selbst in Ordnung. Als Gast muß man nehmen, was man kriegt. Im Zweifelsfall schieben Sie alle Schuld, die eigentlich Ihr Gastgeber trägt, höflichkeitshalber auf Ihr Pferd. Diplomatische Standardformulierungen: „Mein Amigo ist halt so ungeschickt, der tappt in jede Falle, deshalb würde ich gern noch einen Elektrozaun um den Heuwender ziehen." Oder: „Das ist ein Ausbrecherkönig, ich bringe den Zaun mal etwas in Ordnung." Oder: „Mein Pferd ist extrem schwerfuttrig, das Gras reicht ihm wohl nicht, gibt's vielleicht noch etwas Heu und auch etwas mehr Kraftfutter?" Wie in der Mittagspause gilt auch abends: Pferde nach Möglichkeit (und wenn's nicht zu kalt ist) abwaschen, Beine und Rücken auf Schwellungen und schmerzende Stellen abtasten und die Rösser vor der Kraftfuttergabe gründlich mit Heu oder Gras versorgen. Klar, daß im Vierbeiner-Nachtquartier Trinkwasser zur freien Verfügung stehen muß. Wenn's kühl ist und das Pferd verschwitzt, sollten Sie Ihrem Roß die Gelegenheit

Erholung muß sein: Ist der Vierbeiner versorgt, darf auch der Reiter ausspannen.

Schwieriger ist es schon, lustlose Reiter wieder aufzubauen. Zumal ein einziger Nörgler die ganze Gruppe zur Weißglut bringen kann. Wenn weder die Anti-Frust-Bonbons noch penetrantes Witze-Erzählen helfen, bleibt nur noch die Beschäftigungstherapie: Drücken Sie dem Jammerlappen die Landkarte in die Hand, und betrauen Sie ihn mit der Führung der Gruppe. Das lenkt garantiert auch den übelsten Querulanten ab.

DIE LETZTEN VORBEREITUNGEN

Alle Quartiere sind gefunden und reserviert, das Kartenmaterial liegt vor, die Pferde sind fit – es kann losgehen. Vorausgesetzt, auch die letzten Vorbereitungen sind getroffen. Hier sind sie:

Einen Monat vor dem Start:
Wenn Impfungen aufgefrischt werden müssen, ist jetzt der letzte Termin. Obligatorische Impfungen für ein Wanderreitpferd: Tetanus, Tollwut, Influenza, Herpes. Vorsicht: Die Influenza-Grundimmunisierung zieht sich über ein halbes Jahr!
Apropos: Wie sieht's mit Ihrem eigenen Impfschutz aus? Tetanus ist für Pferdeleute ein Muß. Wenn Sie ein Gebiet durchreiten, in dem Zecken die gefürchtete Hirnhautentzündung übertragen, sollten Sie sich auch davor schützen. Dabei gilt das gleiche wie für die Influenza-Impfung des Vierbeiners: Die Grundimmunisierung nimmt mehrere Monate in Anspruch!

Zwei Wochen vor dem Start:
Falls Ihr Pferd bislang nicht ans Grasfressen gewöhnt ist: Höchste Zeit, es darauf vorzubereiten, falls es auf Weiden übernachten soll. Lassen Sie Ihr Tier in den ersten Tagen nur 20 bis 40 Minuten lang Gras rupfen. Steigern Sie die Weidezeiten in der ersten Woche bis auf zwei Stunden, und geben Sie in der Woche darauf täglich eine Stunde zu, bis Sie bei zehn Stunden Weidegang sind. Wenn Sie am Heimatstall absolut keine Weiden zur Verfügung haben, müssen Sie sich mit der Fütterung von täglich frisch geschnittenem Gras in allmählich steigender Menge behelfen. Während der Futterumstellung können Sie die Magen-Darm-Flora Ihres Vierbeiners unterstützen, indem Sie zweimal täglich einen Würfel Backhefe unters Kraftfutter mischen – ein prima Mittel gegen Durchfall.

Zehn Tage vor dem Start:
Spätestens jetzt sollte Ihr Roß neue Hufeisen bekommen, damit es sein Schuhwerk noch einlaufen kann, bevor's zur Sache geht. Viel älter als zwei Wochen darf der Beschlag freilich auch nicht sein, wenn Sie aufbrechen.
Jetzt ist auch der richtige Zeitpunkt, dem Vierbeiner eine Wurmkur zu verpassen, falls der letzte chemische Angriff auf die Parasiten länger

als vier Wochen zurückliegt. Etwa zwei Wochen nach der Tour ist eine weitere Wurmkur fällig: Garantiert hat sich Ihr Pferd unterwegs neue Schmarotzer eingefangen.
Falls Ihr Vierbeiner bisher nur tagsüber oder rund um die Uhr grasen darf: Gewöhnen Sie ihn jetzt daran, sein Grünzeug lediglich nachts zu rupfen. Unterwegs wird er das schließlich auch tun müssen.

Fünf Tage vor dem Start:
Ab heute sollten Sie Ihr volles Marschgepäck auf die Trainingsritte mitnehmen: Bepacken Sie Ihr Pferd genau so, wie Sie auf Tour gehen wollen, und vergessen Sie auch die Zahnbürste nicht. So haben Sie noch genügend Zeit, Details an der Bepackung und Verschnallung zu ändern.

Drei Tage vor dem Start:
Falls sich die Pferde, die miteinander auf Tour gehen, noch nicht kennen, sollten sie spätestens jetzt einander vorgestellt werden. Lassen Sie fremde Tiere erst ein bis zwei Tage lang Zaun an Zaun grasen und schnuppern, bevor Sie die Vierbeiner unter Aufsicht zusammen auf eine möglichst große Weide schicken. Wenn sich in der Gewöhnungsphase einer als besonders fieser Rabauke herausstellt, müssen Sie sich etwas einfallen lassen, um den Schläger unterwegs von den anderen zu trennen. Meist reicht es, ein Stück Elektrozaun-Litze mitzunehmen: Damit läßt sich für den Herdentyrannen eine Weideparzelle abgrenzen.
Drei Tage vor dem Start sollten Sie auch noch mal bei allen Gastgebern anrufen: Hoffentlich hat keiner vergessen, daß er demnächst eine Reitergruppe empfangen soll! Wenn Sie an verschiedene Etappenpunkte frische Wäsche vorausschicken wollen, können Sie jetzt in aller Ruhe die Pakete packen und zur Post bringen.

Einen Tag vor dem Start:
Bepacken Sie die Satteltaschen, und wiegen Sie im Zweifelsfall noch mal nach, ob die linke und die rechte wirklich gleich schwer sind. Haken Sie die Checkliste ab (siehe Seite 115), kaufen Sie Proviant für die erste Etappe ein, und sorgen Sie dafür, daß Ihr Pferd eine ruhige Nacht verbringt und am nächsten Morgen in aller Herrgottsfrühe sein Futter bekommt. Und träumen Sie nicht davon, was alles schiefgehen könnte ...

PROBLEME, DIE SICH VERMEIDEN LASSEN

Welche Dummheiten man auf jeden Fall anderen überlassen sollte und warum man sich leider täuscht, wenn man glaubt, sein topfittes Pferd nach dem Ritt einfach wieder auf die Koppel stellen zu können.

Zugegeben: Besonders vertrauenerweckend sah die Holzbrücke von Anfang an nicht aus. Aber wer hätte denn ahnen sollen, daß sie unter dem ersten Pferd zusammenbrechen würde?
Glück im Unglück: Vasco rettet sich unversehrt mit einem Satz ans andere Ufer des Wildbaches.
Dummerweise steht der Rest der Gruppe noch auf der falschen Seite.
An eine Wasserdurchquerung ohne Steg ist nicht zu denken. Also warten Bea und ihr gerettetes Roß zwei Stunden einsam ohne Karte und Kompaß im Wald, bis die anderen Reiter eine stabilere Brücke gefunden haben und ihre Begleiterin an den Trümmern des alten Steges abholen können ...

Auf einem Wanderritt werden Sie des öfteren die fatale Neigung verspüren, Dinge zu tun, die Sie daheim nie wagen würden – und zwar aus gutem Grund. Jene morschen Brücken, deren dramatisch schlechten Zustand der Kartenzeichner leider nicht vermerkt hat, sind nur ein Beispiel dafür.

NO RISK, NO FUN?

Da stehen Sie nun vor einem Steg, der nicht so aussieht, als würde er 500 Kilo Lebendgewicht schadlos überstehen. Was tun? Umkehren und nach einem besseren Weg suchen, obwohl Sie gerade erst einen kilometerlangen Serpentinenpfad runtergeklettert sind, den Sie jetzt wieder hochkraxeln müßten? Und das, obwohl Sie sowieso spät dran sind und es ganz danach aussieht, als würde die Sonne demnächst untergehen? Augen zu und durch beziehungsweise drüber?
Oder: Der Weg entlang der Bahnlinie existiert nicht mehr, und die einzige Möglichkeit, durchs Unterholz zu kommen, besteht darin, die nächsten paar hundert Meter auf den Gleisen zurückzulegen. Die Bahnlinie sieht ja ziemlich stillgelegt aus – aber was, wenn ausgerechnet jetzt einer dieser nostalgischen Sonderzüge angedampft kommt, die gelegentlich auf historischen Strecken verkehren?
Oder: Sie stehen plötzlich vor einer Bundesstraße, die sich so einfach nicht überqueren läßt, weil die Trasse mittler-

weile vierspurig ausgebaut und mit Leitplanken versehen wurde. Fünf Kilometer Umweg bis zur nächsten Unterführung in Kauf nehmen, obwohl das Nachtquartier schon in Sichtweite ist? Oder die Pferde irgendwie über die Leitplanken nötigen, wo doch sowieso gerade kein Auto kommt?

Die Versuchung, sich an solche Wahnsinnsaktionen zu wagen, ist um so größer, je schlechter die Alternative aussieht. Jeder, der im Vollbesitz seiner geistigen Kräfte ist, wird dem Risiko aus dem Weg gehen, wenn's zur nächsten soliden Straßenunterführung nur ein paar hundert Meter sind. Anders sieht die Sache aus, wenn gewaltige Umwege drohen – ohne die Garantie, daß die nächste Lösung besser ist als die, die sich jetzt anbietet.

Letztlich müssen Sie natürlich selbst entscheiden, wann die Gefahr zu groß wird. Aber auf keinen Fall sind solche Situationen geeignet, die Trittsicherheit und Nervenstärke Ihres Pferdes zu testen. Wenn auch nur ein Mitglied der Gruppe Bedenken äußert, sollten waghalsige Improvisationen tabu sein. Denn wenn solche Manöver ins Auge gehen, dann meist richtig. Falls eine Brücke hinter dem ersten Reiter den Geist aufgibt, ist das noch der beste aller Fälle – bricht sie unter Roß und Reiter zusammen, könnte das deren Ende bedeuten. Ebenfalls lebensgefährlich für Vierbeiner sind Brücken, die zwar solide gebaut, aber durch Regen oder Schmutz glitschig sind. Wenn das Tier ausrutscht und sich mit den Beinen unterm Geländer verkeilt, ist die Rettung schwierig bis unmöglich.

NASCHEN VERBOTEN!

Lassen Sie Ihr Pferd unterwegs grundsätzlich nicht nach Grünzeug schnappen. Erstens sind ständige Freßversuche nervtötend. Zweitens: In der Eile, nebenher schnell einen Happen zu ergattern, erwischen gierige Vierbeiner leicht Giftpflanzen. Vor allem in Wohngebieten besteht das Grün oft aus Lebens- und Buchsbaum, Eibe, Goldregen oder anderen hochgiftigen Zierpflanzen. Schon geringe Mengen davon können für ein Pferd tödlich sein.

Verletzungsgefahr: Nicht jeder Gefahrenquelle sieht man das Risiko sofort an.

Falls Sie von Natur aus risikofreudig sind: Blättern Sie am besten vor dem Ritt eines jener reich bebilderten Bücher über Erste Hilfe für Pferde durch. Danach sind Sie kuriert: Die recht drastischen Fotos, die dort zu sehen sind, halten einen von ziemlich viel Unsinn ab ...

ÄRGERNISSE UNTERWEGS

Natürlich gibt's auch jede Menge Situationen, die nicht direkt lebensgefährlich, aber durchaus ärgerlich sind. Zum Beispiel Weidezäune oder Wildschutzgitter, die einem plötzlich den Weg versperren. Rabiate Zeitgenossen greifen in solchen Augenblicken zum Seitenschneider: „Auf meiner Karte ist hier ein Weg, also schaffe ich mir einen." Möglicherweise sieht das der Bauer oder Förster aber anders – also lassen Sie lieber den Zaun stehen, und suchen Sie sich eine andere Strecke.

Nur in sehr wenigen Situationen können Sie abgezäunte Grundstücke durchqueren – etwa, wenn der Weg durch eine zur Zeit nicht „bewohnte" Weide führt. Dann sollte es allerdings selbstverständlich sein, daß Sie die Tore ebenso verschlossen zurücklassen, wie Sie sie vorgefunden haben. Und wenn sich herausstellt, daß die Weide doch nicht so unbewohnt ist

Stop! Respektieren Sie Verbote, wenn Sie nicht die Reiter insgesamt in Verruf bringen wollen.

und eine Herde Jungbullen herangaloppiert, dann sind Sie wirklich selber schuld.

Das gleiche gilt, wenn Sie das Wasser aus dem ach so klaren Gebirgsbach genossen haben. Möglicherweise finden Sie sich mit einer mittleren Vergiftung in der nächsten Krankenhaus-Ambulanz wieder.

Apropos Wasser: Ein erfrischendes Bad unterwegs mag für Roß und Reiter ja wunderbar sein. Aber haben Sie eine Ahnung, wie viele alte Fahrräder, Autowracks oder Stacheldrahtrollen auf dem Grund des trüben Sees darauf warten, daß Ihr Pferd hineintappt? Wissen Sie, wie sumpfig der Untergrund ist?

Handelt es sich um einen ausgewiesenen Badesee, dann ist er wahrscheinlich einigermaßen in Ordnung. Aber für Pferde verboten. Verständlich, denn kein Badegast mag Roßäpfel, die ihm vor der Nase vorbeischwimmen. Und irgendein Pferd wird den Teich garantiert als Wasserklosett mißbrauchen. Verzichten Sie also schweren Herzens aufs Schwimmen mit Ihrem Vierbeiner, wenn Ihnen kein Ortskundiger glaubhaft versichert, daß es erlaubt ist.

VORSICHT BEI BUSCH-EXPEDITIONEN!

Wenn ein Weg so aussieht, als existiere er eigentlich seit geraumer Zeit nicht mehr, sollten Sie sich nicht gleich mit der ganzen Reitergruppe ins Gebüsch schlagen. Besser ist es, erst mal einen Pfadfinder – am besten zu Fuß – vorauszuschicken, der die Lage sondiert.

Flüsse sind mit ähnlicher Vorsicht zu genießen. Ein ruhig dahinfließender Strom kann scheußliche Strudel und Untiefen bergen. Außerdem: Meist wird vom Baden in den fließenden Gewässern dringend abgeraten, obwohl sich Kolibakterien und Salmonellen über einen neuen Wirt sehr freuen würden ... Entschuldigen Sie, daß die Sache gerade ein bißchen unappetitlich wird, aber mit Marlboro-Romantik ist in Mitteleuropa nun mal nicht allzuviel los.

BITTE RECHT FREUNDLICH ...

Wenig romantisch sind auch die Reaktionen, mit denen Sie rechnen müssen, wenn

Stille Wasser? Vorsicht ist geboten, wenn man nicht auf den Grund sehen kann.

Sie etwa Badeseen mißbrauchen oder andere Wildwestmanöver durchführen. Mit Verlaub: Wer sich auf einem Wanderritt benimmt wie die Axt im Walde, ist auch nicht viel besser als der deutsche Urlauber, der sich in Thailand aufführt wie der Herrenmensch schlechthin, weil er ja doch nur einmal im Leben dort ist und keine Folgen befürchten muß.

Es gibt schon genug Wanderreiter, die den Ruf der gesamten „Zunft" nachhaltig ruiniert haben. Versuchen Sie nach Möglichkeit, solche Ausreißer wieder auszubügeln – auch wenn Sie daran nicht schuld sind.

Es ist nun mal so: Nur durch ausgesuchte Höflichkeit und Rücksichtnahme können Reiter sich gegen zunehmende Anfeindungen wehren, die sich in Form von Reitplaketten, Reitverboten oder Pferdesteuern niederschlagen.

Gehen Sie keinem netten Schwatz aus dem Weg, suchen Sie das Gespräch, respektieren Sie die Rechte und Wünsche von Jägern, Förstern und Landwirten genauso wie die von Fußgängern und Radfahrern. Und wenn's Ihnen noch so sehr auf die

Nerven geht: Halten Sie freundlich an, wenn Kinder die Pferde streicheln wollen. Wenn's Ihnen gar zu bunt wird, denken Sie einfach an die alte Weisheit: Lächeln ist die wirkungsvollste Art, dem Gegner die Zähne zu zeigen ...

VERTRAUEN IST GUT, KONTROLLE BESSER ...

Selbst wenn Sie gerade heftig mit der Wanderreiter-Imagepflege beschäftigt sind: Verlassen Sie sich nie blind darauf, daß Ihr Pferd schon wissen wird, wo es seine Hufe hinsetzt. Zwar kommen hartgesottene Feld-Wald-Wiesen-Cracks mit Geländeschwierigkeiten aller Art glänzend klar und bewegen sich mit bemerkenswerter Sicherheit über Geröllfelder, durch steinige Bachbetten und über Wege voller Wurzeln. Dagegen sind halb zugewucherter Stacheldraht, tückische Gullydeckel oder weggeworfene Glasflaschen im pferdischen Survival-Programm nicht vorgesehen. Weil Pferde das, was

Kopf einziehen: Vergewissern Sie sich besser vor dem Durchreiten, daß solche Mini-Tunnels nicht mittendrin noch niedriger werden.

sich direkt vor ihnen befindet, ohnehin sehr schlecht sehen können, tappen sie leicht in solche Fallen hinein. Wenn sich beim Galopp übers Stoppelfeld plötzlich ein Fuchsbau auftut, in den Ihr Roß einen Volltreffer landet, ist das auch nicht gerade erfreulich. An schmalen Rillen – etwa im Asphalt versenkten Bahngleisen oder Entwässerungsrinnen – können sich die Vierbeiner die Hufeisen abtreten oder sich im schlimmsten Fall sogar den ganzen Huf abreißen. Sie müssen also für Ihr Pferd mitgucken. Vier Augen sehen bekanntlich mehr als zwei ...

Erhöhte Aufmerksamkeit ist auch bei Engpässen aller Art geboten. Die meisten Pferde wissen sehr gut, wo sie selbst durchpassen. Sie vergessen aber gern, „Überbreiten" wie Packtaschen oder Reiterbeine beziehungsweise „Überhöhen" wie den Oberkörper des Reiters mit einzukalkulieren.

Tückisch sind zum Beispiel Fußgängertunnels durch Bahndämme. Vor allem, wenn die Unterführung nach den ersten Metern doch noch ein bißchen niedriger wird. Was tun? Rückwärts ausparken oder Augen zu und durch? Am besten steigen Sie von vornherein ab, wenn solche Hindernisse auftauchen.

Doch auch dann kann's passieren, daß sich Ihr Roß, seiner Natur entsprechend, zur Flucht nach vorn entschließt und bei dieser Aktion zumindest das Horn des Westernsattels abrasiert.

Ein bißchen Wildnis gibt's aber doch auch hierzulande noch, und die macht die Sache nicht einfacher. Wenn Ihnen der Untergrund sehr sumpfig vorkommt, ist Vor-

RASPELN STATT NAGELN!

Wenn Ihr Pferd ein Eisen verloren hat und Sie kein begnadeter Hobbyschmied sind, versuchen Sie besser nicht, selbst neu zu beschlagen – es sei denn, Sie können paßgenau in die alten Löcher nageln. Ansonsten raspeln Sie lieber die Hufkanten rund, damit nichts ausbrechen kann, und suchen sich schleunigst einen Schmied. Nehmen Sie, wenn Ihr Vierbeiner allzu staksig läuft, im Zweifelsfall das Paralleleisen auch noch ab: Auch Sie laufen schließlich barfuß besser als mit nur einem Schuh.

sicht geboten. Nicht nur mitten im Moor kann sich ein zehn Zentner schwerer Vierbeiner festsetzen. Ein ordentlich tiefes Matschloch erfüllt diesen Zweck unter Umständen genauso gut.

BAKTERIEN UND BLESSUREN

Wenn Ihr Pferd den Wanderritt heil überstehen soll, seien Sie auch vorsichtig bei der Begegnung mit anderen Rössern. Wer seinen Vierbeiner an jedem Weidezaun Artgenossen beschnuppern läßt, darf sich nicht wundern, wenn bei der Begrüßung ein paar Viren und Bakterien den Wohnort wechseln.

Nein, nein, ein Wanderritt ist kein lebensgefährliches Unternehmen, auch wenn diese Schilderungen vielleicht den Anschein erwecken. Keine Panik – die weitaus häufigsten Blessuren unterwegs sind nach wie vor Sonnenbrand, wundgerittene Haut, Mückenstiche und Blasen an den Füßen. Die tägliche Autofahrt zur Arbeit ist mit Sicherheit wesentlich gefährlicher.

Gesundheitsprobleme bei den Pferden sind durch Training und gute Vorbereitung in aller Regel vermeidbar: Die meisten Lahmheiten entstehen infolge von Überlastungen. Einem gut bemuskelten und konditionierten Pferd mit einem besonnenen Reiter kann in dieser Hinsicht nicht viel passieren. Auch zu Satteldrücken sollte es nicht kommen: Wer sich genug Zeit genommen hat, sein Pferd fitzumachen, der sollte schon im Training bemerkt haben, ob das Sattelzeug wirklich paßt.

NACH DEM WANDERRITT

Die allermeisten Vierbeiner beenden die große Tour nicht erschöpft und gesundheitlich angeknackst, sondern sie sind so fit wie nie zuvor. Womit Sie als heimgekehrter Reiter schon vor dem nächsten Problem stehen: Wahrscheinlich haben Sie sich gerade gründlich sattgeritten – dummerweise sieht Ihr Vierbeiner das ganz anders.
So behutsam, wie Sie die Kondition Ihres Sportsfreundes aufgebaut haben, so lang-

sam müssen Sie die Anforderungen jetzt wieder drosseln. Ein paar Ruhetage nach dem Gewaltmarsch gefällig? Gibt's nicht, denn das ist falsch verstandene Tierliebe.

Sie können Ihr Pferd sogar krank machen, wenn Sie es zu plötzlicher Untätigkeit verdammen. Die typische Reaktion darauf ist Kreuzverschlag, auch „Feiertagskrankheit" genannt. Das vierbeinige Muskelpaket, an Arbeit und entsprechend eiweißreiches Futter gewöhnt, kann seine Energiereserven plötzlich nicht mehr abbauen. Es kommt zu einem Milchsäureüberschuß in der Hinterhandmuskalatur, der irreparable Schäden anrichten kann (siehe auch Seite 164).

Sorgen Sie in den Wochen nach dem Ritt also dafür, daß Ihr Roß weiterhin täglich bewegt wird. Es müssen keine Halbtages- oder Tagesritte sein, aber komplett in die Ecke stellen dürfen Sie Ihren vierbeinigen Athleten auf keinen Fall.

Achten Sie darauf, daß die Kraftfutterration genau der Arbeitsbelastung Ihres Rosses entspricht. Die Mammut-

Wirt-Wechsel: Beim Kontakt mit fremden Artgenossen können Krankheiten übertragen werden.

portionen, die es unterwegs gab, sind ab sofort passé. Sollte Ihr Vierbeiner auf der Tour mehr Gewicht verloren haben, als Ihnen lieb ist: Versuchen Sie nicht, ihn mit eiweißreichem Futter aufzupäppeln. Greifen Sie lieber auf eiweißarme Dickmacher zurück, etwa Melasse und Rübenschnitzel.

Aber höchstwahrscheinlich haben Sie sich ja gar nicht wirklich sattgeritten. Wenn Sie erst mal auf den Geschmack gekommen sind, ist die Zweitagestour fürs nächste Wochenende schnell geplant. Oder wollen Sie es jetzt, wo Ihr Vierbeiner gerade so gut in Form ist, nicht doch mal mit einem kleinen Distanzritt versuchen? Im Winter wird Ihr Vierbeiner noch genug Zeit haben, sich auszuruhen (falls er das überhaupt möchte – die meisten Pferde lieben Abwechslung, und deshalb kommen ihnen Wanderritte gerade recht). Und Sie haben am warmen Ofen Zeit genug, die Tour fürs nächste Jahr zu planen. Viel Spaß dabei!

DIE RICHTIGE JAHRESZEIT

Die beste Jahreszeit für einen Wanderritt? Bei dieser Frage scheiden sich die Geister. Letztendlich ist es einfach Geschmackssache.
Der wonnige Lenz hat den entscheidenden Nachteil, daß er auf den Winter folgt. Das heißt: Die meisten Pferde befinden sich nicht im besten Trainingszustand, die Tage sind noch kurz, und wer zum arbeitenden Teil der Bevölkerung gehört, hat kaum Chancen, nach der Arbeit noch Licht und Zeit für das Vierbeiner-Fitneßprogramm zu finden. Robust gehaltene Pferde haben außerdem noch einen dicken Plüschpelz und fangen bei der kleinsten Anstrengung entsetzlich zu schwitzen an. Sie sind in diesem Zustand ziemlich schwer trainierbar, zumal der Fellwechsel Energien frißt.
In den meisten Regionen beginnt die Weidesaison erst im Mai – wer früher starten will, hat Probleme, geeignete Quartiere zu finden. In den Nächten ist's noch lausig kalt, bis in den Wonnemonat hinein oft unter null Grad. Die Vorstellung, im Heu zu schlafen, verliert dadurch ziemlich an Reiz ...
Zudem ist das Wetter im Frühling recht unbeständig. Von zwei Grad unter Null mit Hagelschauern bis 28 Grad mit knalliger Sonne ist alles möglich. Andererseits ist da das frische Grün junger Blätter, das zarte Rosa der Apfelblüten, der frische Duft feuchter Erde – wer Zeit zum Trainieren, wetterfeste Kleidung und einen warmen Schlafsack besitzt, der reite im Frühling. Beste Wahl: Mitte Mai, Anfang Juni ...
Im Sommer ist's meist heiß und schwül, und der verstochene Reiter fragt sich bisweilen, wovon die Mücken und Bremsen leben, wenn gerade kein Mensch oder Pferd vorbeikommt. Der Mief eines möglichst abschreckenden Fliegenmittels überdeckt jeden natürlichen Geruch, und das höchste Glück ist ein Baggersee, in den man reinreiten kann.
Wanderreiten im Sommer hat ziemlich viel mit Schweiß, Sonnenbrand und Hitzestau zu tun – aber auch mit lauen Abenden am Grillfeuer und mit Nächten auf der Pferdeweide unter einem klaren Sternenhimmel. Wenn Sie hitzeresistent sind und über einen ebensolchen Vierbeiner verfügen, ist der Sommer prachtvoll. Für nordische Ponys und weniger sonnenfanatische Zweibeiner dagegen wird das Unternehmen schnell zur Qual – jedenfalls, wenn's mal wieder tagelang über 30 Grad hat.

Der Herbst bietet oft einen strahlend blauen Himmel, leichten Wind, 18 bis 23 Grad – bestes Reitwetter und typisch für den September. Für viele Wanderreiter ist das der ideale Monat: Das Wetter ist relativ verläßlich warm, aber nicht heiß. Auf den Weiden steht noch genug Gras für die Pferde, die nach einem langen Sommer topfit und gut bemuskelt zu jeder Schandtat bereit sind. Die Felder sind abgemäht, aber noch nicht umgepflügt – kein Bauer der Welt kann etwas dagegenhaben, wenn der Reiter über den Stoppelacker trabt, statt den geteerten Feldweg entlangzuschleichen.
Der Oktober kann dagegen ziemlich garstig werden, was das Wetter betrifft. Richtig golden wird die Welt erst Ende Oktober/Anfang November – dann aber sind die Tage schon wieder viel zu kurz, die Pferde schwitzen im Winterpelz, und saftige Weiden für eine erholsame Nacht gibt's auch nicht mehr.
Unter strahlender Sonne durch den Pulverschnee traben oder im Schritt durch den weißen Winterwald bummeln – schön und gut. Trotzdem sind Winter-Wanderritte nur für hartgesottene Zeitgenossen empfehlenswert und bedürfen extrem guter Vorbereitung: Das verschwitzte Pferd können Sie nach einem langen Reittag nicht einfach auf eine frostige Koppel stellen, und Sie selbst haben bei zehn Grad minus wahrscheinlich keine Lust auf eine Heuboden-Übernachtung.
Außerdem ist die Kombination Sonne-Pulverschnee dummerweise eher selten. Die Regel ist naßkaltes Schmuddelwetter, oder der nackte Boden ist so bretthart gefroren, daß schon Schrittreiten nahezu unmöglich ist. Falls doch Schnee liegt, können die Pferde nur ohne Eisen oder mit einem Spezialbeschlag gut laufen – unter normalen Hufeisen bilden sich stelzenartige Eisklumpen. Im übrigen sind die Wege unter der Schneedecke kaum noch zu erkennen: Ortsunkundige landen leicht im Graben oder verfransen sich hoffnungslos. Ganz abgesehen davon, daß der Schuh, in dem man nach vier Stunden Reiten bei Minusgraden noch immer keine kalten Zehen hat, noch erfunden werden muß. Klar: Probieren kann man alles mal – aber den meisten Leuten genügt im Winter ein kürzerer Ausritt ...

DIE AUTORIN

Christa Arz arbeitet als Journalistin für verschiedene Zeitungen und Zeitschriften. Die erfahrene Reiterin entdeckte schon früh ihre Vorliebe fürs Gangpferde- und Wanderreiten. Bei Touren quer durch Deutschland nahmen ihre Pferde mehrere tausend Kilometer unter die Hufe. Christa Arz lebt mit ihrem Partner, ihren drei Pferden und verschiedenen anderen Tieren auf einem kleinen Bauernhof im Rhein-Main-Gebiet.

ADRESSEN

Verbände:

Vereinigung der Freizeitreiter in Deutschland (VFD)
Bundesverband
Am Bauernwald 5 b
D-81739 München
Telefon: 089/90 09 80 50,
Fax: 089/60 60 81 23

Erster Trekking Club Deutschland
Andrea Marek
Seeteich 3
D-74423 Obersontheim
Telefon: 07973/12 19,
Fax: 07973/161 04

Deutsche Reiterliche Vereinigung
Freiherr-von-Langen-Straße 13
D-48231 Warendorf
Telefon: 02581/6 36 20,
Fax: 02581/6 21 44

Bundesfachverband für Reiten und Fahren in Österreich
Geiselbergstraße 26-32
A-1010 Wien
Telefon: 01/7 49 92 61

Pferdesportverband Schweiz
Papiermühlenstraße 40 h
CH-3000 Bern 22
Telefon: 031/3 35 43 43

Schweizer Verband für Wanderreiter
Sekratariat: Laurence Marechal
Rue de Savoie 14
CH-1671 Rue
Telefon: 021/9 09 44 18

Quartierverzeichnisse:

Broschüre „Reitstationen im Naturpark Frankenhöhe“ und „Reitstationen-Servicekarte“:
Tourist Information „Romantisches Franken“
Crailsheimstraße 1
D-91522 Ansbach
Telefon: 0981/46 81-61 und -62,
Fax: 0981/46 81 66

Quartier- und Routenverzeichnis „Eifel zu Pferde“ bei:
Rolf Roßbach
Auf dem Dackscheid 1
D-54619 Großkampenberg
Telefon: 06559/9 30 51

Redaktion CAVALLO
Olgastraße 86
D-70180 Stuttgart
Telefon: 0711/2 10 80 78,
Fax: 0711/2 36 04 15

Weitere Quartierverzeichnisse und Auskünfte über das Reitrecht des jeweiligen Bundeslandes erhalten Sie bei den Landesverbänden der VFD (aktuelle Adressen teilt der Bundesverband mit, siehe oben).

SACHREGISTER

SpitzenReiter

Uta Over
Zäumungen und Gebisse
Wie Zäumungen und Gebisse wirklich wirken und sie zum "feinen Draht zum Pferd" werden.
2.Aufl., 152 S., 14 Farb-, 5 sw-Abb., 52 Zeichn., geb.
DM 39,-/sFr. 37,-/öS 285,-
Bestell-Nr. **41077-8**

Elwyn H. Edwards (Hrsg.)
Sattel, Zaumzeug & Geschirr
Alles über Pferde-Ausrüstungen, über Geschichte, Entwicklung und Konstruktion von Zubehör rund ums Pferd. Von Fachleuten kompetent geschrieben, reich bebildert.
256 S., 189 Farb-, 360 sw-Abb., 93 Ill., geb.
DM 79,-/sFr. 73,-/öS 577,-
Bestell-Nr. **41179-0**

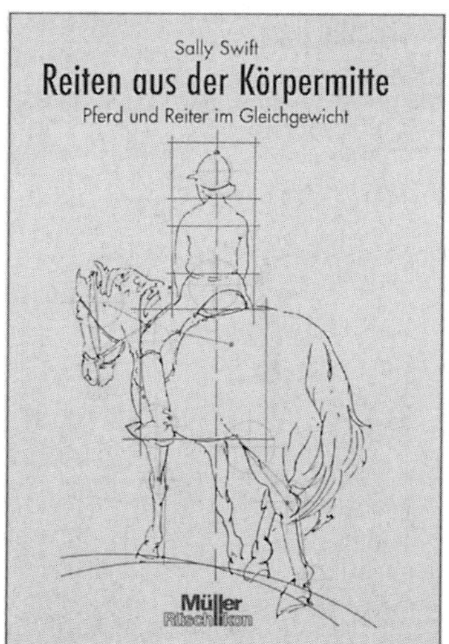

Uta Over
Mein Pferd wird alt
Wie man für sein betagtes Pferd richtig vorsorgt.
144 S., 46 Farbabb., geb.
DM 39,80/sFr. 37,90/öS 291,-
Bestell-Nr. **41194-4**

Sally Swift
Reiten aus der Körpermitte
Pferd und Reiter im Gleichgewicht
5.Aufl., 212 S., 92 sw-Abb., 105 Zeichn., geb.,
DM 56,-/sFr. 51,50/öS 409,-
Bestell-Nr. **40956-7**

Ursula Bruns/Linda Tellington-Jones
Die Tellington-Methode
So erzieht man sein Pferd
9.Aufl., 184 S., 176 sw-Abb., geb.,
DM 49,-/sFr. 46,50/öS 358,-
Bestell-Nr. **40856-0**

Müller Rüschlikon

Müller Rüschlikon Verlags AG
Gewerbestrasse 10, CH-6330 Cham, Postfach 4161, CH-6304 Zug
Telefon ++41 (0) 41 740 30 40, Telefax ++41 (0) 41 741 71 15

Stand 11/96, Preisänderungen vorbehalten